U0058607

普天之下．盡是好書
普天出版家族
Popular Press Family
凌雲文創
A-Plus Creative Company

你**討厭**的人，就是你的**貴人**

THE ENEMY IS ALSO A FRIEND

把自己討厭的人，當成另類的貴人

凌越——編著

山本有三曾說：

年輕時代，沒吃過『苦頭』的人，一定無法成長，我一向把曾經折磨過自己的人，當成我的成功導師。

確實，在這個爾虞我詐的人性叢林中，很多時候我們都得設法去洞穿別人的心機和手段，並且把吃過的虧、上過的當視為成長歷程的養分。

從這個角度而言，那些對你使壞的「小人」，騙你害你的「壞人」，那些讓你恨得牙癢癢的人，又何嘗不是幫你更瞭解自己弱點、讓你更加成熟睿智的另類貴人？

• 出版序 •

把自己討厭的人，當成另類的貴人

感謝那些折磨我們的人事物吧！如果沒有這些折磨，我們就不可能激發突破人生瓶頸的潛力，也不可能超越人生的各種困境。

日本作家山本有三曾說：「年輕時代，沒吃過『苦頭』的人，一定無法成長，我一向把曾經折磨過自己的人，當成我的成功導師。」

確實，在這個爾虞我詐的人性叢林中，很多時候我們都得設法去洞穿別人的心機和手段，並且把吃過的苦、上過的當視爲成長歷程的養分。

重要的並非你遇到什麼人，而是用什麼心態應對，事後又獲得什麼；如果你想出人頭地，就必須調整那些狹隘的想法，把自己討厭的人當成生命中的貴人，如此，才能提升自己的境界，看見更寬闊的未來。

生命中，每個挫折磨難都是鍛鍊精神意志，增加本身能力的絕佳機會，正因爲如此，當我們成功地超越人生困境，首先要感謝的，往往不是那些安慰呵護我們的人，而是那些平日折磨我們、瞧不起我們，讓我們避之唯恐不及的人。

因爲，如果沒有這些討厭的人激勵我們的心智，我們就無緣擁有超越困境必須具備的能力。

奧城良治是個剛出校門的年輕人，業務生涯剛起步，立刻面臨無止境的拒絕和挫折，人生幾乎從雲端跌入地獄。他沒有太多社會經驗，還不懂得調適自己的心情，每天四處奔波勞碌，不但毫無收穫，還要周旋在各式各樣的「奧客」之間，忍受冷嘲熱諷和挑剔，這樣的地獄人生有什麼意思？

奧城良治意志消沉，只差沒走上自殺一途。

有一天，他感到尿急，便在鄉下的田埂邊撒尿，見到田邊有一隻青蛙，正好奇地對著他看。

「好啊！我已經這麼慘了，你還用這種眼神看我，我就讓你比我更慘，以消我心頭怨氣！」奧城良治對著無辜的青蛙喃喃自語地說著，隨後瞄準青蛙的頭，調皮地把尿往牠頭上撒。

原本以爲青蛙會落荒而逃，想不到牠不但沒有走，甚至連眼睛也不眨一下；青蛙的神情怡然自得，像在享受一次舒服的溫水淋浴。

突然之間，奧城良治腦中靈光乍現：「如果青蛙都可以把這樣的羞辱當作一次暢快的淋浴，樂在其中，那我爲什麼不能把客戶的拒絕當成一種享受呢？推銷員可以像青蛙一樣，無論遭遇多少次拒絕，面對再怎麼惡劣的態度，只要逆來順受、視若無睹，就不會覺得有任何的不快了。」

奧城良治在青蛙的啓示下，領悟了推銷的極致道理，發明一套「青蛙法則」。從此以後，他謹記著這個法則，在進入汽車公司後第十八天，他總共拜訪一千八百多位客戶，也終於簽下了第一份訂單。

此後，奧城良治平均每個月賣出八部車。經過一年的磨練，他的業績提升到十五部車；又過了五年之後，他的成績更呈倍數成長，每個月平均賣出三十部車。這樣的好成績連續維持了十六年，奧城良治成了全日本汽車界的銷售之王，他把成功完全歸功於自己發明的「青蛙法則」。

威爾遜曾經寫道：「別人嘲笑我們的地方，通常是我們不足的地方。」

其實，這正是我們爲何那麼痛恨瞧不起自己的人，如果不是對方踩到我們的「痛處」，我們爲何會有那麼大的情緒反應？

因此，別人瞧不起我們的時候，我們應該靜下心來虛心檢討，把這些嘲諷、打擊，當成自己奮發向上的階梯！

從這個角度而言，那些對你使壞的「小人」，騙你害你的「壞人」，那些讓你恨得牙癢癢的人，又何嘗不是幫你更瞭解自己弱點、讓你更加成熟睿智的另類貴人？

所有加諸在我們身上的痛苦磨練，其實都在培養我們面對困境時所需要的抗

壓力。遇到痛苦和折磨，如果選擇轉身逃避，那麼這些痛苦折磨就會成爲你向下沉淪的拖陷力量，但是，只要願意面對，那麼這些痛苦和折磨就會成爲超越人生困境的主要動力。

感謝那些我們討厭的人事物吧！如果沒有這些折磨，我們就不可能激發突破人生瓶頸的潛力，如果沒有這些折磨，我們也不可能超越人生的各種困境，將生命提升到另一個境界。

爲了成爲超級推銷員，奧城良治不但要熱臉貼冷屁股，還要逆來順受、吃苦當吃補，把別人的尿液當成溫水ＳＰＡ，卑微得像隻青蛙；換做是你，你願意嗎？有些人遭到打擊就自暴自棄，最後和自己的人生目標背道而馳，但是某些人卻把這些不如意當成是老天贈送給自己的禮物，最後開創出嶄新的生命版圖。想出人頭地，就必須調整自己的心態，才能開創迥然不同的未來。

PART—1 用微笑面對別人的嘲笑

面對別人的嘲笑，輕鬆地自我解嘲比惱羞成怒更能展現我們的包容力和成熟度。

PART—2

挫折只不過是生命的轉折

只要我們能用「樂觀」熨平失意傷痛，願意用「積極」讓身上的傷疤癒合，失敗與跌倒我們都不足為懼。

PART—3

不要用猜忌來保護自己

快樂的日子並不在於別人能給你什麼，而是你用什麼樣的態度，去看待你的生活，又用什麼樣的角度，去發現你的美麗人生。

PART—4

用自信面對否定的聲音

成功不該等待別人的肯定，因為不論別人怎麼看待你，最後真正能讓你肯定自己的關鍵人物，還是你自己！

PART—5

接受困境，才能遠離困境

無論生活中遇到什麼樣的大小麻煩，只要能積極面對，很快的，將會發現所有難題迅速解決、消失。

PART—6

不服輸，才能扭轉劣勢

既然不幸，就要面對不幸，並相信自己可以改變這些不幸！只有不服輸的人，最後才能扭轉劣勢。

PART—7

現在就是你開始的最好時

只要繼續努力，夢想希望一定可以實現。人生任何時候都是最好的開始，年齡絕不是退縮的藉口，更不是勇氣降低的理由。

PART—8

面對問題，才能早日解決問題

越拖越久，不過是讓自己的痛苦加長罷了，不如現在鼓起勇氣，積極面對問題。早一日面對問題，就能早一日解決困境。

PART—9

勇於面對，才能解開心結

生活中沒有解決不了的問題，人與人之間也沒有必須的敵意與敵對，特別是面對自己身邊的人。

PART—10

先接受自己，別人才會接受你

生活上不會有無解的難題，端看你願不願意敞開心把問題解開，你的「心」往哪個方向走，你的世界就會往那個方向去。

Part 1

用微笑面對別人的嘲笑

面對別人的嘲笑，

輕鬆地自我解嘲比惱羞成怒更能展現

我們的包容力和成熟度。

用微笑面對別人的嘲笑

面對別人的嘲笑，輕鬆地自我解嘲比惱羞成怒更能展現我們的包容力和成熟度。

有位作家曾經寫道：「一個人在情緒起伏的時候，再擁有如何清晰的思緒，也會變得混亂不堪。」

千萬別讓情緒影響思緒，遇到惱人的人，不妨把他當成激勵自己更上層樓的貴人；遇到讓自己不悅的事，不妨把它當成砥礪自己的磨刀石。

聽見嘲笑聲，我們大方地微笑以對吧！

能夠看淡人們情緒性的嘲笑與辱罵，不僅更能表現出我們的肚量，也更能在別人脫序的情緒中，爲自己空出冷靜的思考空間，並領先他們一步。

美國總統福特在大學時期曾是橄欖球隊的一員，愛好運動的他，六十二歲入主白宮時，身材看起來仍然十分挺拔且活力四射。

一九七五年，福特到奧地利訪問時發生了一個小意外，那天他從飛機的旋梯走下來時，不小心被絆倒了。

只見他雙腳一滑，忽然跌倒在跑道上，所幸身體硬朗的他很快地便跳了起來，表示自己沒事。

沒想到，記者們竟將這件事當笑話新聞來處理，甚至還有人開始傳說，福特總統不僅行動不靈敏，而且笨手笨腳的。

從這次意外開始，每次福特總統一有意外發生，便會被人們誇大渲染，到了後來，甚至他什麼事都沒發生，也要被記者們嘲笑一番，例如哥倫比亞廣播公司便曾這麼報導：「我們一直等待著總統再次撞傷或扭傷，這類新聞才能吸引更多的讀者！」

更有電視節目的主持人故意模仿總統的滑跤動作，不過這一次卻引來總統府新聞秘書聶森的抗議。他憤怒地對記者說：「福特總統是位十分健康且優雅的人，他可是歷年來身體最好一位總統啊！」

後來福特聽說這件事，便笑著對記者們說：「我是個喜歡活動的人，當然比任何人都容易跌跤囉！」

有一天，他在記者協會上與著名主持人蔡斯同台，節目開始時，蔡斯先出場，只見他模仿著福特總統出現的神情，忽然，他像被東西絆住了，咚的一聲跌坐在地板上，接著又整個人滑向了另一方。

台下觀眾一看，都知道蔡斯故意在模仿總統，由於非常逼眞，全忍不住捧腹大笑了起來，連福特總統本人也被逗笑了。

輪到福特總統出場時，沒想到意外又發生了，因爲他的衣角被桌子勾住了，接著他雙手高舉，桌上的杯盤與稿紙等全都掉到了地上。

觀眾一看，以爲福特總統也是故意搞笑的，於是現場又是一陣哄堂大笑。福特

總統則瀟灑地擺了擺手，微笑地對蔡斯說：「蔡斯先生，您果然是位專業的演員！」

面對別人惡意的嘲笑，輕鬆地自我解嘲，遠比惱羞成怒更能展現我們的包容力和成熟度。

不要認定這是別人惡意的折磨，從正面的角度思考，這正是考驗自己的應變能力，讓自己成大器的好機會。

無論是因爲自己的不足，或是因爲出錯而引來人們的嘲笑，聰明的人都會用幽默回應，因爲，不管對方是有意還是無意的笑鬧，最後也只是想看著我們「惱羞成怒」，然後在情緒的激化下，會不會做出另一個更令人忍不住想捧腹大笑的幼稚行爲。

這是人際交往中最常發生的事，當然也曾經在我們身上發生，仔細地回憶一下，當相同的事情發生在我們身上時，是憤怒比較能掙回面子，還是微笑的姿態更能擄獲人心呢？

實務經驗比學歷高低更重要

高學歷不一定代表經驗豐富，因為經歷必須由我們親自碰撞、累積，這些無法從書本裡獲得。

保持柔軟的身段，把週遭難纏的人都當成鏡子，把惱人的事都視爲砥礪自己的磨刀石，通常是一個人邁向成功最有效的途徑。

每個人都有著與衆不同的生活歷練，所以我們要尊重彼此的經驗，並積極互動、交往，才能從中互補彼此生活經驗上的不足。其實，學歷只是生命經歷裡的一小部份，只要我們能學會尊重有經驗的人，便能少走幾步冤枉路。

有個著名的博士受聘到一家研究所工作，是裡頭學歷最高的一位。

有一天，他到校園裡的小池塘釣魚，正巧遇見所長與副所長也在那兒釣魚，心想：「好像也沒什麼好聊的！」於是，他禮貌性地朝著兩位所長點頭招呼後，便開始準備他的釣魚工具了。

過了一會兒，所長放下了釣竿，接著伸了伸懶腰，看起來似乎有點累了，不久便站了起來，接著竟輕鬆地從水面上如飛般地走向對面的廁所。

這位博士看見所長竟然有如此的好功夫，眼睛睜得大大地，心想：「難道所長懂得水上飄？不會吧？但這確實是個池塘啊！」

不一會兒，所長從廁所走了出來，再次地從水上飄了回來。

只見博士滿臉困惑地看著所長：「這是怎麼一回事？」

博士心中雖然十分困惑，但是卻又不好意思去問，只因爲他認爲：「我好歹是個博士，提出這種問題恐怕會被恥笑。」

過了一會兒，連副所長也輕鬆地展露了一次「水上飄」的功夫，這會兒可把博士弄得更糊塗了：「這是怎麼一回事？難道他們兩位會特異功能？」

忽然，博士也內急了起來，仔細一看，池塘兩邊有圍牆，要到對面廁所非得繞十分鐘的路，但又不願意向兩位所長請教「水上飄」的疑問。

憋了半天，最後他實在忍不住了，竟也起身往水裡跨入，因爲他想：「我就不信他們過得了水面，我這個博士卻過不了。」

忽然，「咚」的一聲，博士整個人跌進了水池裡。正副所長一看，連忙將他拉了起來，並問他：「你爲什麼往水裡跳啊？」

只見博士滿臉尷尬地問：「爲什麼你們可以在水上飄行？」

正副所長聽了相視笑道：「我們不是在水上飄啦！你不知道這池塘裡有兩排木樁嗎？這兩天因爲雨下得很大，正好將木樁淹沒了。雖然被淹沒了，但我們仍然知道木樁的位置，所以可以輕鬆踩著樁子走過去啊！咦？你不知道的話，怎麼不問一聲呢？」

「因爲我是個博士！」當故事中的主人翁心中響起了這個聲音時，我們也預見了自恃過高的人即將面臨的失敗。

高學歷不一定代表經驗豐富，因爲經歷必須由我們親自碰撞、累積，這些無法從書本裡獲得，即使有人們撰文建言，如果我們沒有親身經歷，仍舊很難明白其中的問題與竅門所在。所以，當故事中的博士狼狽地掉入水池時，相信許多人都忍不住要嘲笑他：「不懂就要問人，何必那麼高傲？」

是啊，不懂就要「問」，即使問題太過簡單又何妨，讓人們笑一笑，從此我們不會再犯，那才是生活上避免犯錯的正確態度。

想佔上風，請先保持冷靜

懂得忍讓的人從不感到委屈，他們之所以自發地退讓，是因為他們在冷靜退讓後的角度中，看見了另一片更寬廣的發展空間。

作家萊文曾經寫道：「痛苦的磨練對於肯面對它的人，是一塊墊腳石，但是對於只會逃避它的人，則是一塊絆腳石。」

遇到痛苦和折磨，如果選擇轉身逃避，那麼這些痛苦折磨就會成爲你向下沉淪的拖陷力量，但是，只要願意面對，那麼這些痛苦和折磨就會成爲超越人生困境的主要動力。

跟著情緒行動的人，失去的機會一定比保持冷靜的人還要多，因爲依靠情緒行動的人，很容易讓自己的缺點完全曝露，對手將一眼識破他的弱點。

格拉斯今天將和一位非常難碰面的人約會，在希爾德公司擔任銷售經理這麼多年，他爲了與這位重量級的客戶見面已經等了很久了。

這天，他們約好上午九點整在客戶的會客室見面，然而，格拉斯一直等到了九點半才看見這個人走出辦公室。

然而，這位客戶似乎並沒有發現格拉斯，直接走向秘書桌邊與同事說笑，接著便又走了他的辦公室中。

等到十點時，格拉斯忍不住問接待的秘書人員：「請問，布萊克先生什麼時候能見我？」

秘書冷冷地看了格拉斯一眼，不悅地回答道：「我不知道，他正在忙，你再等一會兒吧！」

格拉斯有些埋怨地說：「他很忙嗎？我剛剛還看見他走出來聊天啊！」

秘書回答：「總之，他有時間見你的時候，自然會出來見你！」

格拉斯聽見秘書如此高傲，情緒有些被挑起，就在發作前，突然他想起了自己在當拳擊手時，教練送給他的一句話：「不要生氣，當別人生氣的時候，他們必定會得到反效果，如果你能保冷靜，最終你一定能佔上風。」

於是，他不斷地提醒自己：「冷靜，不要讓憤怒佔上風，否則你會讓自己曝露在危險中，任由對手擺佈。」

枯坐在接待室裡思索的格拉斯，看著自己名片上的「銷售經理」四個字，忽然意識到：「看來，他一定是故意要激怒我！不行，如果我真的被一時的情緒影響了，恐怕無法理智地發揮自己的能力，所以，格拉斯，你一定要冷靜地接受考驗。」

格拉斯在接待室裡與自己爭鬥一番後，情緒終於緩和了下來，只見他滿臉微笑，耐心等待著：「他最終會來找我的，當他朝著我走來時，我便知道是誰佔上風了！」

想像自己也正如故事中的格拉斯一般，遇到了相同的爲難景況，然後再試著想像，面對這樣的情況你會怎麼處理？

是像格拉斯般不斷地告訴自己：「我知道他是想考驗我，格拉斯，你一定能把情緒冷靜下來，反正你時間多得是！」還是會情緒一挑，憤憤不平地說：「少了你這筆生意又怎樣？我就不相信沒有其他的機會！」

其實，無論哪一個想法都有積極正面的意義，只是後者受制於情緒上的情況更多於前者，而我們都知道，容易受制於情緒操控的人，無論在什麼樣的情況下，確實很容易失去最好的機會。

懂得忍讓的人從不感到委屈，他們之所以自發地退讓，是因爲他們在冷靜退讓後的角度中，看見了另一片更寬廣的發展空間。

他們更知道：「只要我們比別人更加冷靜，不僅什麼也不會失去，反而有機會得到人們讓步的空間。」

改變思路，才有更好的出路

每個人都有一顆聰明的腦袋，只要我們願意多動動腦，讓思路多轉幾個彎，都能讓自己有更寬闊的出路。

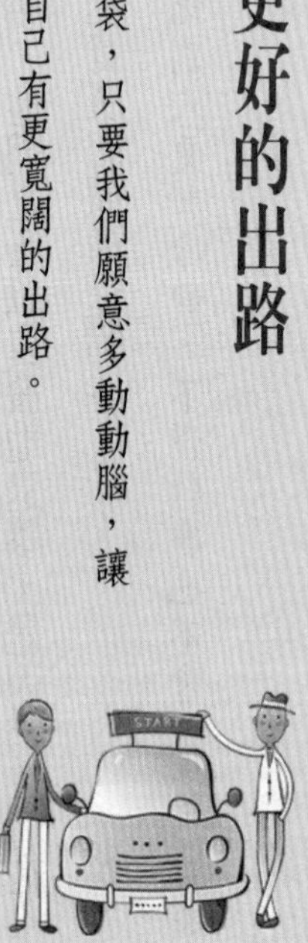

現代人在爲自己爭取權利的時候，已經太習慣用直接批判來爭取，更習慣用高亢情緒來抗爭，然而一如我們常見的情況，或許很快地得到了回應，但最後卻也造成了人與人之間對立與情感的破裂。

蘇聯有句諺語說：「不打碎雞蛋，就做不成蛋糕。」

的確，在人生的旅途中，或許你有很多自認爲非常棒的想法與做法，但是，如果你不懂得因地制宜，不懂得改變思路，那麼，你可能就會被眼前的環境困住，

找不到自己的人生出路。

有一次，詩人但丁出席一場由威尼斯執政官舉行的宴會，會場上的餐點都是由服務生一份又一份地送到參與者的餐桌上。

但很明顯地，這場由官方舉辦的宴會仍然有著階級上的差別待遇，因爲當服務生送來一盤盤魚的時候，但丁發現，在義大利各邦交使節桌上的煎魚又大又肥，而來到自己面前的卻是一隻隻很小很小的魚。

對此，但丁並沒有表示抗議，不過也沒有挾起魚來吃，而是將餐盤裡的小魚一條一條地拿了起來，接著還將它們湊近自己的耳朵，似乎正在聆聽什麼。接著，只見他又將小魚一一放回盤裡，並滿臉肅穆地看著眼前的魚兒們。

這時，執政官看見了但丁的舉動，上前詢問：「你在做什麼？」

但丁大聲地說：「喔，也沒什麼，我有位朋友幾年前去逝了，當時我們以海葬的方式送他。因爲我很想念他，不知道他現在的遺體是否還在，所以我問問這此小魚們，知不知道他的情況。」

執政官信以爲眞，又繼續追問：「那小魚們說了些什麼？」

但丁說：「嗯，它們說：『因爲我還很小，對於過去的事知道得不多，你不如向同桌的大魚們打聽一下，也許消息會多一些。』」

執政官聽見但丁說「向同桌的大魚打聽」時，恍然大悟地大笑了一聲，然後說：「是，是，我明白了！」

不久，詩人面前便端上了一條全桌最肥美的煎魚。

莎士比亞曾說：「想法，在結果顯現以前，只能稱之為夢想。」

不論你擁有再如何好的想法，如果不能根據現實加以修正，那麼這個想法就只是一個無法助你達到目標的夢想。遇到障礙卻不懂得改變思路的人，就像一艘不知道見風轉舵的船，永遠也無法達到目的地。

看著但丁絕妙地用「小魚的經歷」表示抗議，以擬人與隱喻的方式埋怨盤中

的魚太小，輕巧地避開了主辦單位怠慢客人的尷尬，這個充滿幽默感的表現方式，確實讓人會心一笑。

換做是你，面對他人的不合理待遇時，是否會像但丁一般，在表達自己的不滿情緒時，也顧及別人的感受呢？

想避免生活中的衝突與對立，改變待人處事思路是絕對必要的，在強調個性化的時代，不是直言不諱就不會產生誤解，也不是大膽直接就一定能清清楚楚地將問題解決。很多時候，正因爲太過直接，缺乏待人的關懷或體貼，反而會衍生出更多不必要的怨懟與誤會。

但丁的這則軼事告訴我們，其實每個人都有一顆聰明的腦袋，只要我們願意多動動腦，願意讓思路多轉幾個彎，都能想出借用「小魚與大魚的出生經歷」的幽默隱喩，輕輕鬆鬆地搭起人際間的溝通橋樑，開開心心地化解人與人之間的誤解和對立，讓自己有更寬闊的出路。

別人的意見不要照單全收

不要期待人們的指引，因為那是他們所踩踏的路，並不屬於我們，自己的路就在我們自己的腳下。

英國有句諺語說：「處順境時必須謹慎，處困境時必須冷靜。」

人在徬徨迷惑的境遇中，最容易懷疑自己存在的價值，正因爲胸臆中充滿懷疑，往往不懂得珍惜自己。

遇到困境時，別再等著人們的關愛眼神，也別再期待人們的明白指引，因爲不管他人怎麼引導，那始終都是別人的人生方向，既不適用，也不可能合乎於我們的未來希望。

有位年輕的戲劇創作者來拜訪契訶夫，從包包裡拿出了一個劇本，接著便對契訶夫說：「我想請您幫一個忙，看看我剛新完成的劇本有沒有什麼問題，或是談談您的意見。」

「好！」契訶夫接過本子認眞地看了起來。

劇中，有一場是寫著女工程師與技術員在辦公室內談話的戲，契訶夫指著這場戲問：「能不能將這場戲改在車房呢？這樣應該會更加精采。」

年輕人一聽，連忙點頭說：「好！」

年輕人掩不住滿臉興奮的神情，只因爲大師當面提出修改意見。

契訶夫讀了一會後，又問年輕人：「那讓他們坐在公園裡的長椅上，你認爲可行嗎？」

年輕人仍然說：「行！當然行！」

但是，契訶夫忽然皺了一下眉頭說：「或者改在湖面的小艇上呢？」

年輕人一聽竟高興地跳了起來，連忙說道：「好啊！坐在小艇上更美，我馬上就改過來。」

這時，契訶夫嚴肅地說：「那麼……不如請你將這場戲全部刪了。」

原本樂不可支的年輕人聽見大師這句話，像似當場被澆了一盆冷水，一時間呆立站在那兒，不知所措。

只見契訶夫搖了搖頭說：「每一場戲都應該是不可移動的組合，就像人的眼睛一般，沒有人能任意挪動；至於你這場戲，既可以改在公園內，又可以改到小艇上，那只說明了一件事，那就是這場戲根本是不必要的。」

年輕人一聽，頓時臉都紅了，羞愧地說：「我明白了！」

後來，在契訶夫的悉心指導下，這位年輕的劇作家終於寫出了一個又一個屬於他自己的成功劇本。

可以聆聽別人的意見，但是，千萬不能照單全收，我們要有自己的思辨能力，

在傾聽批評並修正我們的錯誤時，也能發現批評裡的對錯，才不致於錯聽批評，導致一錯再錯。

記得宗教哲思大家戈齊福曾說：「凡事要以我為中心，而不是以他人為中心。活在他人的期待中，將走不出自己的路。」

換句話說，大多數的人都習慣在「被注意」或「被要求」的狀況中發現或修正自己，只是這一切都是「被動的狀態」，在這樣慣性的被動認知中，我們總是忽略了「自己的感受」，也遺漏了「自己的希望」。

一如故事中的旨意：「你知道你想要的是什麼，然後你才能從我們的看見中，再次看見你真正想要的東西，如果一味地聽從別人的指引，卻不相信自己，那麼你又怎麼可能創造出真正屬於自己的天空呢？」

所以，不要期待人們的指引，因爲那是他們所踩踏的路，並不屬於我們，自己的路就在我們自己的腳下，一抬頭，我們便能看見未來的目標。

接受批評才能精益求精

能聽見批評的人是幸福的，因為那不僅能讓你即時發現錯誤，即時改正，更能讓你比別人早一步踏上完美人生的階梯。

成功者必須面對的批評聲，往往比尋常人多上好幾倍，而他們包容接納的胸襟，也往往比我們寬上好幾倍。

因此，聽到批評的聲音，我們應該這樣告訴自己：「因為我不是完人，免不了會有缺點，所以我必須仔細聆聽人們的批評聲音。」

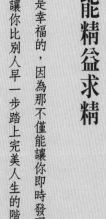

爲協商脫離英國獨立的北美十三個殖民地代表們，正齊聚在會議室裡，他們一致推舉富蘭克林、傑弗遜和亞當斯負責起草一份宣言，執筆者則由才華洋溢的傑弗遜所擔任。

只是自負文采過人的傑弗遜，很不喜歡人們對他有所批評。所以，將《獨立宣言》草稿送給委員會審核時，與起草人一同坐在會議室外等待時，傑弗遜便顯得焦慮不安。

時間不知道過了多久，一直等不到消息的傑弗遜，似乎等得有點不耐煩，忽然站了起來，接著便在原地來回地踱步。

坐在他身邊的富蘭克林，看著傑弗遜焦躁不安，忍不住拍了拍他的背，接著還講了一個年輕友人的故事來開導他。

富蘭克林說，他的這個朋友原本是個帽店的學徒，三年學習期滿之後，便決定要自己開一間帽子專賣店。

首先，他親自設計了一個店面招牌，上面寫著「約翰・湯普森帽店，現金販售約翰製作的各式禮帽」，而文字的下面則畫了一頂帽子。

就在準備請人依樣製作招之前，約翰把設計草稿拿給朋友們看：「你們有沒有什麼意見？」

第一個朋友看了看，認眞地批評道：「你應該把『帽店』刪除，因爲那是多餘的。」

第二位朋友看了，也直接批評說：「約翰，你應該把『約翰製作的』省略，因爲顧客們不會太在意帽子是誰製作的，只要商品質量好、樣式好看，他們自然會購買了。」

第三位朋友看了則說：「去掉『現金』兩個字吧！在我們這裡，很少有人會賒帳！」

於是，幾經刪除之後，設計圖上的文字已經相當精簡，只剩下「約翰．湯普森販售各式禮帽」與手繪的帽子圖。

「販售各式禮帽？」最後一位朋友看了之後，對餘下的幾個字也提出了疑惑。他說：「約翰，『販售』這個字是多餘的，因爲沒有人會指望你送帽子給他啊！」

於是，約翰將「販售」一詞刪除，然後又仔細地看著剩下的幾個字，最後把

「各式禮帽」也刪了，因爲他想：「下面已經畫了一頂帽子啊！」

就這樣，約翰的帽子店終於開張了，招牌掛出來時，上面醒目地寫著「約翰·湯普森」幾個大字，下面則是一頂新潮的禮帽圖樣，對於這個簡單明瞭的招牌，每位進門的顧客們無不稱讚有加。

聽完了這個故事，原本自負且焦躁不安的傑弗遜漸漸地平靜了下來，向富蘭克林點了點頭，表示明白了。

終於，《獨立宣言》草案在衆人們精心推敲、修改後完美撰成，如今更成爲全世界的人們傳頌不朽的民主宣言。

聽見別人的批評，你都如何因應？是怒目相向，是反唇相譏，還是心存感謝，虛心接受並默默反省呢？

從富蘭克林用來安撫傑弗遜的小故事中，我們可以看見「去蕪存菁」的過程，經過一步又一步的刪除，帽子店的招牌不僅越來越明確、清晰，也越來越具有廣告宣傳的吸引力和效果，一如美國獨立宣言草稿般。

沒有人一出手便是完美的，能集眾智總是比單打獨鬥更能把握住成功的第一時機，所以，當傑弗遜明白富蘭克林的勸諫，不僅明白了團結力量的好處，也更懂得接納批評後，自己將擁有的進步空間有多寬廣。

所以，有人說：「能聽見批評的人是幸福的，因為那不僅能讓你及時發現錯誤，及時改正，更能讓你比別人早一步踏上完美人生的階梯。」

一個人抱持怎樣心態，他就是怎樣的人；一個人表現出怎樣行爲，他也就是怎樣的人。面對批評所採取的態度，正是一個人最好的寫照，如果你想讓自己更上層樓，那麼就要先改變你對批評抱持的態度。

把中心點讓給對方站立

無論事情有多困難或有多少阻礙，懂得在第一時間捉住人心，那麼成功目標肯定已完成一半。

愈是睿智的人，愈有寬容的胸襟，樂觀、忍讓、圓融的個性，讓他們成爲眞正出類拔萃的成功人士。

日常生活中，每個人都無可避免地必須與自己不喜歡的人打交道，工作之時也會難免遭遇一些商業談判。

不要先入爲主地認爲對方很難搞，其實人心很微妙，只要採取適度退讓的態度，把中心點讓給對方，就可以達成預期的目標。

在談判的過程中，我們要把對方視爲我們成功的中心，凡事都以對方的利益爲考慮重心，並主動滿足對方的需要。

如此一來，我們才能輕易地得到對方的積極配合，也更能培養出創造共同利益的默契。

有人認爲安德魯．卡內基的成功，是靠著「重視別人的名字」這一點獨特認知而成爲舉世聞名的鋼鐵大王。

據說這個「命名」的創意最早發生在他小的時候，那時還只是個孩子的卡內基和一群孩子們正在玩耍，不久他在草地上發現了一窩小兔子。

卡內基發現小兔子似乎餓了，但是他卻沒有東西可以餵牠們，忽然他想出了一個妙方，對著其他孩子們說：「只要有人可以找到食物餵小兔子，那麼我就用你們的名字來爲小兔子命名。」

孩子們一聽，立即四處找尋食物，而卡內基從中也獲得了不少啓發，特別是

在他未來的事業上。

有一年，卡內基爲了臥車生意之事和喬治．普爾門爭鬥了很久，當時卡內基的公司與普爾門的公司，爲了爭奪聯合太平洋鐵路公司的生意，雙方互不相讓，經過一番廝殺，最後竟造成兩敗俱傷的局面。

有一天，卡內基忽然想起了兒時的這段往事，於是他和普爾門在拜訪完鐵路公司的董事會後，相約在一家飯店碰面。

普爾門一踏入餐館，卡內基立即說：「晚安，普爾門先生，我想，我們還是停止爭鬥了吧！再這樣下去只會出洋相的！」

普爾門一聽，不解地問：「爲什麼這麼說？」

於是，卡內基將自己重新計劃好的事，仔細地說給他聽：「我認爲我們兩間公司可以合併起來！」

接著，他將合作後的版圖與利益詳加說明，並將爭鬥的壞處仔細分析，然後進一步希望得到普爾門的認同與支持。

雖然普爾門聽得相當專心，但是當卡內基將計劃說完後，他用懷疑的眼神問道：「那這間新公司叫什麼名字呢？」

卡內基毫不猶豫地說：「就叫，普爾門皇宮臥車公司！」

普爾門一聽，立即瞪大了雙眼，漫不經心的神情隨即變成滿臉精神的模樣。他聽到卡內基的「命名」後，立即說：「嗯，等會兒我們再到我的辦公室裡好好地討論一下！」

從心理層面來看，卡內基的成功是必然的，因為一個懂得捉住「人心」的人，無論事情有多困難或有多少阻礙，當他懂得在第一時間捉住人心，那麼他的成功目標肯定已完成一半。

所謂「攻心為上」，卡內基緊捉人性的虛榮心理，並退讓地以對方的「名字」作為代表稱號時，他也很清楚地區別了兩者的內在需求不同。我們也很清楚地看見，普爾門是個名聲重於合作利益的人，而卡內基則是個尋求合作更重於名聲的聰明商人。

從中我們也很輕易地比較出，卡內基的未來將會超越每一個人的預測。

從故事中，仍然汲汲營營地追求成功的人，又得到了多少啓發？

其實，卡內基的成功定律很簡單，他只強調一件事：「想成功，就要先放開私心，退讓出紅心點給對方站立。」

聰明的人不會只看見圓靶上的那個紅點，他們知道，把紅心視爲圓規的中心定點，然後他便能劃出另一塊伸展無限的「圓」地！

Part 2

挫折只不過是生命的轉折

只要我們能用「樂觀」熨平失意傷痛，

願意用「積極」讓身上的傷疤癒合，

失敗與跌倒我們都不足為懼。

只有殘缺的心，沒有殘缺的人

不妄自菲薄，更不要看輕別人，每個人皆有無可取代的價值，只要心不殘缺，那麼他便是完美無瑕的！

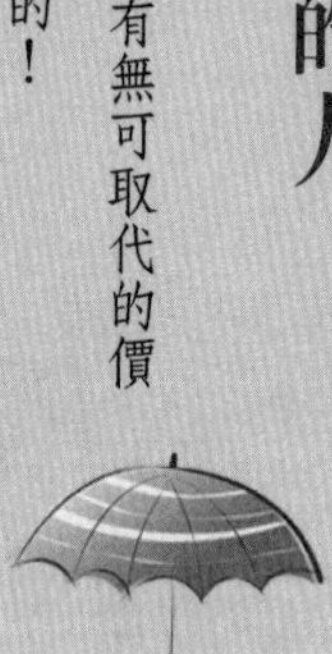

聽見人們笑談怎麼走過悲慘的過往，看見人們樂觀面對身體的不足，你除了充滿感動外，還得到了些什麼？

不管那些人曾經受過怎樣的重傷，也不管他們比四肢健全的人要更加辛苦生活，眼前他們的人生都是完滿健全的！

一出生，身體便出現殘缺的蘭納德，身體不僅扭曲變形，智力發展也比其他孩子遲緩，稍長還罹患絕症的他，雖然被病魔一點一滴地吞噬著，但他的父母仍舊十分努力地扶養他，勉勵他要好好活下去。

智力明顯不如人的蘭納德，十二歲才讀到小學二年級，上課時，不僅會在座位上不停地扭動身體，嘴裡還會不自覺地流口水，甚至還會不時發出「呼吃呼吃」的聲音。

雖然，他偶爾能清楚地表達意見，但是這種情況極少，大多數時候他的表現令布蘭妮老師感到挫折、生氣。有一天，布蘭妮老師終於忍不住了，請蘭納德的父母親到學校溝通。

面對蘭納德的父母，布蘭妮老師不客氣地對他們說：「我認爲蘭納德應該到特殊教育學校上學，因爲讓他和這些沒有學習障礙的小朋友一起學習，對他來說是件很不公平的事。」

聽見老師這麼說，蘭納德的母親傷心地哭了，蘭納德的父親則說：「布蘭妮小姐，我們明白妳的爲難，但妳也知道，這附近並沒有那種學校，如果我們現在把蘭納德轉到別的學校，對他來說將是個沉重的打擊，最重要的是，我們知道他很喜歡這裡。」

蘭納德的父母離開後，布蘭妮獨自在教室裡思考很久，窗外正下著雪，冰冷的雪似乎正滲透到她的靈魂深處。她雖然同情蘭納德，但一想到蘭納德對其他孩子們的影響，便感到非常無助，一想到得花費那麼多的時間在蘭納德身上，便感到十分不耐煩。

此時，雪忽然停了，陽光照進屋內，布蘭妮心裡忽然湧現一股罪惡感：「上帝，請您幫助我吧！讓我對蘭納德多些耐心吧！」

想起蘭納德母親的淚水，轉念間，布蘭妮做了決定：「算了，我儘量不要理會蘭納德就好。」

從此，布蘭妮不再斥責蘭納德功課成績不佳，也不再制止他發出怪聲音。有一天，蘭納德一瘸一拐地走到講台前，對她說：「我愛您，布蘭妮小姐！」

布蘭妮先是一愣，接著紅著臉說：「這……很好，蘭納德，謝謝你。現在，請你回到座位。」

從此，布蘭妮對蘭納德不再露出厭惡的表情，對他的包容也越來越大。

春天的腳步越來越近，孩子們也開始討論著即將到來的復活節。這天布蘭妮發給每個孩子一顆塑膠彩蛋，並要求他們：「你們把這復活節彩蛋帶回家，記得明天把彩蛋帶來時，得在彩蛋裡裝進一個能夠代表新生命的東西。」

「是！」孩子們異口同聲地答應。

第二天，孩子們興高采烈地來到學校，開心地將手中的彩蛋放進講台上的籃子裡，等著布蘭妮老師和大家分享他們裝進彩蛋裡的「新生命」。

第一顆彩蛋被打開時，布蘭妮發現裡頭是一朵小花，說道：「很好，花兒是新生命的象徵！」

只見坐在第一排的一個小女孩，得意地舉手喊叫著：「那是我的！」

接著，布蘭妮打開了第二顆彩蛋，裡頭放著一只維妙維肖的蝴蝶標本，「是的，美麗的蝴蝶是從毛毛蟲蛻變而來，因此，它也是新生命的象徵。」

彩蛋一顆又一顆被打開，其中有裝著長了苔蘚的小石頭，也有小木塊，然而，當她打開第十顆彩蛋時卻呆住了，因爲這顆彩蛋裡什麼也沒有，讓她不知道要怎麼說明，她也猜到這顆蛋一定是蘭納德的。

這時，布蘭妮爲了不使蘭納德感到難堪，便輕輕地將那顆彩蛋放到一邊，準備伸手去拿另外一顆彩蛋。

然而，這時候蘭納德卻突然大聲叫道：「布蘭妮小姐，那是我的彩蛋，您爲什麼不說說它呢？」

布蘭妮尷尬地說：「蘭納德，你的彩蛋裡是空的啊！」

蘭納德看著布蘭妮，輕聲地說：「嗯，耶穌的墳墓裡也是空的啊！因爲，他復活了。」

這個世界上只有殘缺的心，沒有殘缺的人。

身爲師者，若心中沒有寬恕心，沒有包容心，執起教鞭肯定非常辛苦，一如故事中的布蘭妮，面對蘭納德的缺陷，一直都不願接納，這麼缺乏愛心的老師，又怎麼能帶好孩子們呢？

反觀蘭納德樂觀、包容和積極生活的態度，強烈對比著布蘭妮殘缺了一角的心。就在那顆空蛋裡，我們看見其中裝滿了蘭納德的滿足，也從中看見布蘭妮的貧乏心。

那我們呢，在這顆空蛋中又看見了什麼樣的自己？

每個生命都是完整無缺的，從蘭納德身上，我們看見了他的堅強與活力，也看見了一個生命眞相：「不妄自菲薄，更不要看輕別人，每個人都有無可取代的價值，只要心不殘缺，那麼便是完美無瑕的！」

挫折只不過是生命的轉折

只要我們能用「樂觀」熨平失意傷痛，願意用「積極」讓身上的傷疤癒合，失敗與跌倒我們都不足為懼。

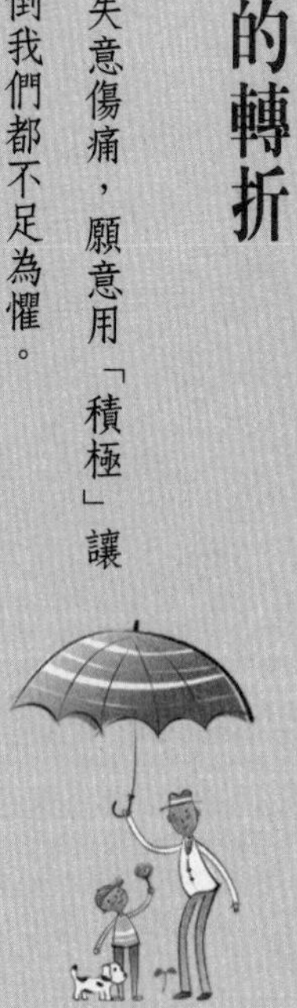

愛爾蘭作家克里斯蒂·布朗曾說：「如果你因為別人的批評、輕視，就自暴自棄，那麼你將永遠站在失敗的這一邊。」

這句話提醒我們不要將別人一時的評價，當成自己的心靈魔咒，而要藉此激發自己的潛力。

千萬要切記，越被別人瞧不起，越要努力，才能讓自己揚眉吐氣。

無論遇到多少橫逆，不管遭遇多少災禍和苦難，你仍然是你自己，生命的旅

程也依然要繼續！

其實，面對失敗與阻礙，我們的復原能力不差，抵抗困難的本領也很強，只是很多時候我們不想讓自己復原，不想對抗困難而已。

在一次座談會上，有位著名的演說家一開場，便從口袋裡掏出一張二十美元的鈔票，然後高高舉起，對著會議室裡的聽眾說：「誰要這二十塊美元？」

只見台下聽眾幾乎全都舉手。

緊接著，他說道：「朋友們，我真的打算把這二十美元送給你們之中的一位，不過在這之前，請允許我做一件事。」

說完，演說家便將手裡的鈔票揉成一團，然後又問：「誰還要它？」

這回舉起手的人變少了，不過仍有許多人想得到這二十塊錢。

接著，他又說：「好，不過如果我這麼做之後，還有人要嗎？」

說完，他將鈔票扔到地上，然後用腳奮力地踩踏，然後再次拾起這張又髒又縐的鈔票，問道：「這樣還有人要嗎？」

舉起手的人更少了，不過還是有人舉手。這時，演說家笑著說：「朋友們，你們已經上了一堂很有意義的課。你們都知道，不管我如何對待這張鈔票，你們還是願意接受它，那是因爲你們很清楚，不管它變成什麼模樣，它依然價值二十塊美元，從未貶值。」

「我們的人生不也如此？無論我們遇到多少逆境打擊，受到多少挫折而倒下，或是被多少困厄欺凌、襲擊，都不該因此否定自己。記住，不要看輕你自己，無論你們未來會發生什麼事，或將要遇到什麼麻煩，在上帝的眼中，在你們的心中，你永遠是你，不會因爲任何外在變動而喪失價值。對上帝來說，你們始終是無價之寶。」

「對上帝來說，你們都是無價之寶！」從紙鈔的變化中，演說家以這句話作爲最後結語，道出了人必須以正確的態度看待自己的價值。

無論現在的你幾歲，回想這幾十或十幾年來走過的人生路程，無論是求學時遇到的挫折，還是商場上的成敗，點滴整理起來，大概很少有人是一路平順的，再仔細想想，那些當初讓我們覺得萬分難堪，甚至痛苦失意的事件，後來我們都是怎麼走過的？

仔細想想，然後再好好與今天的生活比較，無論現在的情況比過去更好，還是變糟了，最重要的是，經過這一連串的回想、比較後，眼前的自己到底變了多少？是比過去更加堅強，還是變得更爲脆弱了？

人生就像那張紙鈔一樣，雖然變縐了，雖然曾被人踩在腳下，或是被撕破成二半，但它的價值依然和票面上的數值一樣。

挫折只不過是生命的轉折。被撕破的紙鈔，可以用透明膠帶黏合，縐了的紙鈔，只要小心熨平，也能讓它恢復成新鈔時的模樣。

只要我們能用「樂觀」熨平失意傷痛，願意用「積極」讓身上的傷疤癒合，失敗與跌倒我們都不足爲懼。

「刺激你」是爲了讓你活得更好

讓我們回想生命中曾經遇到的刺激，再看看我們的周遭，有多少人因此而更加積極上進，又有多少人一味地停滯原地？

莎士比亞在《凱撒》劇作中這麼寫道：「任何一個被束縛的奴隸，都可以憑著自己的手掙脫鎖鏈。」

掙脫環境或命運束縛的動力，經常來自於外力的刺激。

很多時候，一個刺激便能喚起一個人的鬥志，當有機會被別人狠狠地刺激一下時，我們不妨將它視爲老天爺的另一種關愛。

這年春天，查利先生不幸去世了，查利太太為維持這個家的生計，忽然想起丈夫生前曾賣過一些玉米給村裡的紳士杜恩先生，於是便叫十六歲的兒子約翰到杜恩家取款。

約翰對杜恩說明來意之後，杜恩這才恍然大悟地說：「對，你看我都忘了，對不起！」說著，便慢條斯理地拿出一塊美元給約翰。

但是，他接著卻說：「很抱歉，約翰，我必須告訴你一件事，你父親還欠了我四十美元。」

約翰一聽，登時目瞪口呆，因為四十美元對他們家來說可是一筆巨款，想起父親生前的好賭與懶惰，約翰一點也沒有懷疑杜恩的說詞。

杜恩又問：「不知道你什麼時候可以還清你父親的債呢？」

只見約翰滿臉蒼白地回答說：「不知道，但我一定能還清這筆錢的。」

開始時，約翰把掙來的錢全都交給母親，直到母親那裡的存款足夠支撐一家人的基本生活開銷後，他便開始儲存要還給杜恩的錢。

當他累積了五美元時，再次踏入那幢宮殿似的大房子，對杜恩說：「先生，我想先還您五美元。」

杜恩點了點頭，鄭重地將錢收下。

有一天，一位鄰居塞夫對約翰說：「每年冬天我都會到森林裡打獵，去年冬天我光是賣掉動物的皮毛，就賺了兩百美元，不過你必須先準備七十五美元，買齊那些獵獸的工具。」

約翰聽完之後，考慮了很久，決定再次跨入那幢宮殿似的大房子。但是，杜恩聽到他來借錢時，竟漲紅了臉嚷道：「什麼？你要我把這麼大一筆錢借給你？你要怎麼讓我相信，你不會在森林裡餓死或凍死，又如何能償還這筆錢呢？」

只見約翰堅定地說：「如果你不相信，那我就不麻煩你了！」

杜恩盯著約翰看了好久，好像想看透約翰到底有多少能耐，或讓他找到能相信約翰的理由。

最終，杜恩把錢借給了約翰。

念念不忘父親欠的那筆四十美元的約翰，正分心聽著塞夫的叮囑：「過河時，千萬不要在冰面走，現在的冰面已經變薄，你要仔細找出冰化河段，然後做個木筏划過去，雖然這要多花許多時間，但卻是最安全的方法。」

然而，心急的約翰並沒有將塞夫的這番話聽進去，不僅沒有仔細找尋冰化河段，甚至看見河邊有一棵很高的大樹，便想：「如果能把樹幹砍倒，便足夠橫跨河面了。」

果然，樹一倒下正巧跨越到對岸，於是約翰小心翼翼地走在這座「橋」上，但走到一半時，樹幹突然搖晃了起來，一個重心不穩，整個人便掉到了河面上。

猛力的撞擊力量將冰面撞碎了，約翰就這麼沉到了水裡，而他身上的獵槍、皮毛和夾子等等，也隨著水流沖散不見了。

好不容易撿回一條命的約翰，再度來到杜恩的家，把事情的經過如實說了一遍，只見杜恩苦笑著說：「每個人都需要一段學習的過程，不過，你竟然用這樣一個教訓來『學習』，真不知道是你倒楣還是我倒楣？」

約翰回到家後，只好像先前一樣，每天踏實地從早忙到晚，到了夏天他又存下了五美元給杜恩，只是加上他借來買捕獵器具的錢，約翰目前共欠了杜恩一百零五美元。

到了秋天之時，杜恩竟然主動送了七十五美元給約翰，他對約翰說：「孩子，你已經欠我很多錢了，爲了能夠早點收回這些錢，我想，你今年冬天再到森林去打獵吧！」

這次，約翰一個人來到河邊，花了一整天的時間，做了一個木筏……

過完冬天，約翰終於賺到了他生命中的第一筆三百美元，這不僅讓他還清了獵具的錢，也還清了父親所欠下的那四十美元。

從此以後，每到冬天約翰都會到森林打獵，慢慢地他也成了村鎮上的風光人物。在他三十歲那一年，杜恩去世了，而他在遺言中，竟然把他那幢宮殿似的大房子和一筆錢全給了約翰，此外，還有一封信：「其實，我從未借錢給你的父親，因爲我不相信你父親能改變自己的命運。不過，當我第一次看到你時，我就感覺到你的與衆不同，爲了證明這一點，我決定要考驗你。杜恩。」除了這封信外，信封袋裡還裝了一筆四十塊現金！

我們可以這麼說，杜恩是約翰生命中最重要的貴人，而遇到杜恩則是約翰生命中的轉捩點。

看得出約翰需要被激勵的杜恩，雖然一開始時不斷地給人難堪，甚至有貶抑對方的言詞，但再難聽的話裡，我們卻不難看見杜恩期望約翰成功的關切，那關切表現在他嘲諷對方後，仍又適時地出錢幫忙的行動裡。

讓我們回想生命中曾經遇到的刺激，也回想當初面對刺激時的反應，再看看我們的周遭，有多少人因此而更加積極上進，又有多少人一味地停滯原地，與人怒目相向？

每件事情的發生都有一定的背後意義，至於我們要讓這個「意義」成爲正面還是反面，決定權就在我們的態度中，一如約翰面對杜恩刺激時的選擇一樣，而這正是杜恩默默地傳達給約翰的生命態度。

勇敢面對，就一定有成功的機會

每一個成功者都有他要走的困難與艱辛，也有他要流的汗水與淚水，只要能走過艱苦，流過付出的汗水，我們自然會走到富翁之路。

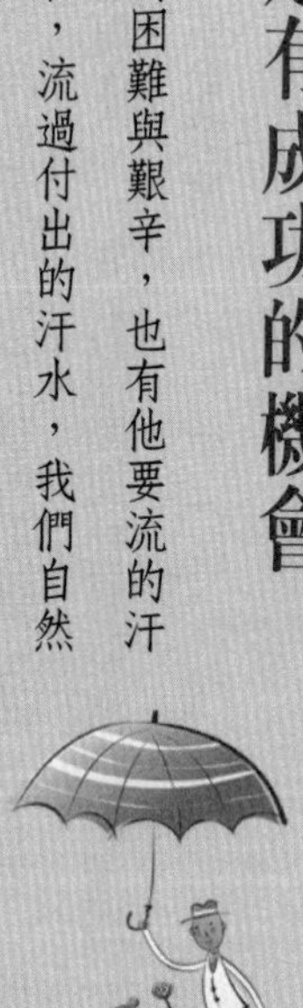

每個人一出生就獲得了第一個人生機會，那便是「生的機會」，每個人一出生也同時獲得了人生中第一筆財富，那便是「生命活力」。

不論你現在的生活面貌如何，都要提醒自己：「只要生命還在，就一定還有機會，只要保持身體健康與積極活力，我們定能掙得想要的富足人生。」

有個年輕人經常對朋友哭訴：「我好窮好可憐啊！誰能幫幫我呢？」

天天埋怨也天天坐困愁城的年輕人，這天決定向一位富翁請教致富之道，請求這位白手起家的富翁毫不保留地告訴他致富的秘訣。

年輕人一進門，還未等年輕人開口問話，富翁便對他說：「你一定很想知道我是怎樣白手起家的吧？」

「是啊！您怎麼知道？」年輕人驚訝地反問富翁。

「因爲在你之前有很多人來找過我，他們的情況和你一樣，一個比一個還要窮困潦倒，而且牢騷滿腹，不過……」

「不過什麼？」年輕人著急地插話追問。

「他們走的時候才知道原來自己是個大富翁。我看你也具有非常豐厚的財富啊！爲什麼還要不停抱怨呢？」富翁微笑地提點這名年輕人。

「財富？在哪裡啊？」年輕人急切地問道。

「嗯，我看你有一雙明亮的眼睛，這樣好了，我用一袋黃金與你換一隻眼睛。」富翁沒有回答年輕人的問題，卻離題和他提出交易。

「不行，我不能失去眼睛！」年輕人大聲地回答。

「好，那麼就換你的一雙手，只要你願意把雙手給我，你想要多少財寶我全都答應你。」富翁又說。

年輕人一聽，連忙說：「不，我不能失去任何一隻手！」

「孩子，你很清楚你身上的價值啊！有了一雙眼睛，你為何不好好學習呢？有這麼健全的雙手，為何不勤快勞動呢？你明白我的意思嗎？你知道你擁有的財富有多豐厚了吧！我老實告訴你，這些就是我的致富秘訣。」富翁說。

年輕人一聽如夢初醒，走出富翁家的大門時，臉上掛著自信的微笑，胸膛挺得筆直，整個人好像重獲新生似的。

這種情景誠如富翁所說，此刻的他也坐擁著豐厚財產，儼然是個財力雄厚的大富翁，因為他知道：「原來，我早就擁有致富的本錢啊！」

想想富翁給年輕人的建議，再想想那些身體殘缺的鬥士們的努力，最後回頭

看看四肢健壯卻一事無成的自己，是不是深感慚愧？

其實，不少人的窮困潦倒是他們自己造成的，有人只爲一時的歡樂而散盡家產，也有人只知道埋怨，卻從未努力行動，會導致這樣的結果，他們都知道原委，只是不願面對而已。

勇敢面對，就一定有成功的機會；當富翁一步步引導年輕人深思時，我們也應跟著自省思考。

每一個成功者都有他要走的困難與艱辛，也有他要流的汗水與淚水，只要能走過艱苦的道路，流過付出的汗水，我們自然會走到富翁之路。

全心投入，自然能收穫成功的果實

就算處境再艱難，只要想成功，再辛苦我們也能甘之如飴，再累我們也能堅強地撐下去，直到達成目的為止。

機會就在前方，必須奮力向前才能抓住，沒有人可以幫你累積腳步。每走一步我們距離目標就前進一步，只要能堅持下去，目標便會距離我們越來越近。

不必畏懼險阻，只需要全神貫注腳底下的積極步伐，那麼關於傳說中的困難，關於聽聞的阻礙，關於那些汗血淋漓的可能性，都將因爲我們只專注於前進，因而忽略、走過。

一九六五年，一位來自韓國的留學生孜孜不倦地在劍橋大學校園內閱讀心理學相關資料，還經常在下午茶時間，到學校裡的咖啡廳裡，聆聽成功人士的對話與演講。

這些成功人士之中有不少人是諾貝爾獎得主，都是些各個領域的權威人士，甚至是創造經濟神話的名人。他們談吐幽默風趣、風采翩翩，在談及自己的成功時，都將這個結果看得非常自然而且順理成章。

經過一段長時間接觸後，這名留學生卻發現，當年他在韓國學習成功心理時被許多人誤導了。那些人爲了讓正在創業的人知難而退，習慣都把自己的創業歷程說得過度艱辛，根本是用自己的成功經歷嚇唬那些還沒有取得成功的人。

身爲心理系的學生，這個留學生認爲：「我必須好好研究一下國內成功人士們的心態。」一九七〇年，他把《成功並不像你想像的那麼難》作爲畢業論文，並將它交給現代經濟心理學的創始人威爾布雷登教授。

布雷登教授閱讀這篇論文後大爲驚艷，認爲這是個重大的新發現：「這個現象其實不只存在東方，事實上就我所知，這個心理狀態在世界各地是普遍存在的，只是一直沒有人能大膽地提出來並加以研究。」

「孩子，你辦到了！」布雷登教授肯定地拍著這位留學生的肩膀。

驚喜之餘，布雷登還寫了封信給他的劍橋校友，當時坐在韓國政壇第一把交椅上的人朴正熙。

信中，教授是這麼寫的：「我不敢說這本著作能對你有多大的幫助，但是我敢保證，它肯定比你所發布的任何一個政令都具效力與震撼力。」

後來，這本書果然帶動韓國的經濟起飛。

這本書鼓舞了韓國上下人心，他們從書中獲得一個全新的省思角度，因爲書裡告訴人們：「成功與歷經艱辛沒有必然的聯繫，只要你對某一個夢想、事業充滿興趣，只要你願意長久地堅持下去，就一定會成功。因為，上帝賦予你的時間和智慧絕對足夠你圓滿做完這一件事情！」

帶著這樣的信念與自信，這位留學生回到國內後也寫下屬於自己的成功篇章，

成爲韓國某汽車公司的大總裁。

近年來，韓國各項產業積極發展，從3G產品到娛樂產業都相當蓬勃，不難看出韓國人的積極與企圖心，或許正是這股新觀念帶動了人民的活力，也有可能是社會積極行動的氣氛深刻地影響了每一個人。

這名汽車總裁告訴我們成功沒有想像中的困難，咀嚼這句話的同時，我們又要給自己什麼樣的刺激呢？

不管別人怎麼說，也不管人們怎麼解說成功世界的難易，最重要的關鍵在於自己「想不想成功」。就算處境再艱難，只要想成功，再辛苦我們也能甘之如飴，再累我們也能堅強地撐下去，直到達成目的爲止。

其實，成功的元素不外乎我們熟悉的興趣、堅持、機智與自信，所以我們眞正需要的不是怎麼取得成功的靈丹妙藥，而是全心投入追尋成功的過程，發揮自己所能，也享受這段歷程，自然就能坐收成功的甜美果實。

用輕鬆態度輕鬆工作

無論什麼工作，都有輕鬆快意的一面，只要找到那個面向，並以積極正確的態度，時刻朝著那個面向前進，臉上總會帶著燦爛的笑容。

想輕鬆工作，其實很簡單，只要找對工作，找到適合的職位，也從中找到讓自己發揮所長的空間，或是培養出興趣，我們自然能工作愉快。

只要確認自己的方向，無論被分配到什麼樣的工作，其實都是很輕鬆的，不會產生挫折感。

只要我們能帶著愉快的心情上工，只要我們願意從中培養出興趣，我們自然會發現工作的趣味，生活也將因此變得更輕鬆自在。

有兩個地方監護使者在城門入口處相遇，其中一位使者問對方：「你最近在忙什麼，上面交給你什麼工作啊？」

這個使者答道：「上司派我去監視一個墮落的傢伙，他就住在前方的山谷中，是個作惡多端、卑鄙無恥的惡人，我想這一定是件負擔極重的任務，唉，我現在就感覺到這項工作將會很辛苦。」

第一個使者聽完同事的擔心後，卻這麼說：「放心，那其實是一件很輕鬆的差事，我之前也曾經在那兒任監護職務。如今，他們則派我去監護一個善良的聖徒，他就住在另一邊的村莊裡。我想，那才是件負擔沉重的工作。」

即將成爲惡人看護的使者，聽完後頗不以爲然地質疑著：「你這根本是胡說八道、胡亂臆測，試想，善良的聖徒怎麼可能比惡人還要難監護？」

被同事反駁的使者，不滿地說：「你居然說我胡說八道，眞是太無禮了，我說的都是事實啊！我看你才眞是沒用大腦判斷、胡言亂語。」

兩個使者就這麼吵起來，從反唇相譏到拳腳相向，最後還揮刀抽劍。

就在他們吵得不可開交時，有個地方長老上前阻止他們：「爲什麼要打架呢？眞不像話，別忘了你們的身分啊！若讓人知道監護使者竟在城門口打架，人們以後怎麼看待我們？你們到底爲了什麼事吵成這樣呢？」

只見兩個使者依然互不相讓，爭著辯駁上司指派給他們的工作是最辛苦的，只有自己才應該得到最優渥的獎賞。

長老搖了搖頭說：「既然你們都堅持對方的任務比自己的任務輕鬆，這樣吧！爲了公平起見，也爲了讓你們充分發揮所長，你們不如互相交換手上的工作，好好在你們認爲『輕鬆』的工作中得到滿足。」

兩位年輕使者點頭答謝，便朝著剛剛接下的新任務前進，只是在離去前，他們卻同時回頭看了長老一眼，臉上滿是憤怒。

此刻，他們並未因爲接下自認爲「輕鬆」的工作而感到開心，反而對長老充滿了怨恨：「就是這些老不死的，害得我的日子一天比一天難過。」

從你的角度來看，到底誰才是最辛苦的呢？是得到惡人谷監視的使者，還是得到善良人家當看護的使者？

或者，你覺得兩個人都很辛苦？抑或兩個人都很輕鬆呢？

暫且把問號放在心裡，讓我們一塊仔細想想生活中的自己，當主管將工作分配下來時，你是用什麼態度迎接面對的？想過之後，你自然能得出故事中的結果。其實，無論是生活還是工作，不管是對惡人還是善人，關鍵都在於面對的態度，因爲工作從來都沒有是輕鬆的，也從來都可以是輕鬆的。

每個人都有自己的難題，不同的工作任務也各有不同的困難與麻煩，不必羨慕別人的輕鬆自在，也別抱怨自己的工作繁瑣沉重，只要找對角度、調整心態，每樣工作都能做得愉快。無論我們正站在什麼樣的工作崗位上，都有輕鬆快意的一面，只要我們找到那個面向，並以積極正確的態度面對，時刻朝著那個面向前進，即便揮著汗、流著淚，臉上也總會帶著燦爛的笑容。

只要不放棄，就會有奇蹟

人在絕望的當下，若能相信「還有機會」，便可以走出難關。只要不放棄，生命便會演繹各種奇蹟。

除非自己放棄，不然誰也不能逼你放棄一切。從這個角度來說，生命之所以脆弱，往往是因爲我們自己先倒下了，自己先放棄了自己。

不要因爲眼前的挫折而失望，人類最神奇的地方不是只有思考能力而已，還包括神奇的堅強意志，只要我們不放棄，總能讓我們等到撥雲見日時。

在非洲某個茂密的叢林裡，有四個瘦到皮包骨頭的男人正扛著一只沉重的箱

子踉踉蹌蹌地奔跑。這四個人分別叫特里、麥克達利斯、古德約翰、托尼，幾個星期前跟隨隊長貝爾巴夫一同進入叢林探險。

原本貝爾巴夫答應會給他們優渥的工資，但是就在任務即將完成前，貝爾巴夫卻不幸病逝於叢林中，這個箱子則是貝爾巴夫臨死前親手製作的。

臨死前，他對這四個人說：「我要你們向我保證，寸步不離這只箱子。只要你們能把這個箱子送到萊斯特教授手中，你們將分得比金子還要貴重的東西，拜託你們了。」

四個男子埋葬貝爾巴夫之後，便匆匆上路。

然而天氣酷熱，路越來越難走，再對照著他們瘦弱的身軀，想抵達目的地實在困難重重，他們像似陷在泥沼中掙扎著，若非貝爾巴夫的遺言在耳邊鼓勵，他們早就倒下了。

他們互相支持著，同時不准任何人亂動這只箱子，在最艱難的時候，他們堅定地對自己說：「很快的，我們便會得到一筆可觀的報酬！」

歷經千辛萬苦，他們終於走出了叢林，隨即急急忙忙地尋找萊斯特教授，並向他問起應得的報酬。

但是，貝爾巴夫似乎沒交代教授這件事，只見教授滿臉疑惑地說：「你們要什麼東西？我可是一無所有啊！嗯，該不會箱子裡有什麼寶貝吧！」

於是，教授當著四個人的面打開了箱子，但就在那一瞬間，所有人全都呆住了，因爲箱子裡什麼都沒有，只有滿滿一堆沒有用的枯木。

「開什麼玩笑啊？」古德約翰憤恨地說。

「我早就看出那傢伙有神經病，我們上當了！」托尼怒吼道。

「哪裡有比金子還貴重的東西？我們居然被騙了，可惡的傢伙！」麥克達利斯也氣憤地嚷著。

唯獨特里靜靜地站在一旁，此刻的他正回想起剛走出的難關，和那些在叢林裡看見的白骨。

「如果沒有這個箱子，我們早就倒下去了……」特里尋思著，忽然他站了起來，大聲地說：「你們別再說了，我們的確獲得了比金子還貴重的東西，那就是生命啊！」

因爲貝爾巴夫給的一箱「希望」，讓他們懷抱著一份「希望」，支持著搖搖欲墜的鬥志，這正可以說明，人在絕望的當下，若能相信「還有機會」，便可以走出難關。

從心理學的角度來說，這是「暗示」的作用，希望沒有被直接點明，卻能在人們心中悄悄孕生。好像特里等人的遭遇一樣，爲了能讓伙伴走出困境，貝爾巴夫給了他們一個「希望」動力。

只要能熬過最艱困的那一關，即使生活得重新開始，也是值得的。只要不放棄，生命便會演繹各種奇蹟。

天災過後，有人埋在地下將近半個月還能活下去，便是因爲他們相信生命的韌性，也相信自己一定能獲救。只要我們告訴自己「要活下去」，生命體本身自然會支持著我們努力活下去；只要我們告訴自己「一定有機會」，那麼人生自然會帶著我們去尋找重新站起的機會。

Part 3

不要用猜忌來保護自己

快樂的日子並不在於別人能給你什麼，
而是你用什麼樣的態度，去看待你的生活，
又用什麼樣的角度，去發現你的美麗人生。

批評是最好的成長激素

因為有瑕疵，批評的聲音才會出現，找出缺點，一一修正，直到批評聲音減弱，你自然就會得到你想要的機會。

不要被自己的缺點蒙住了成長的眼睛，也不要用自以爲是的態度，堵住了別人批評的聲音。

批評是最好的成長激素，如果希望自己有所成長，那麼，就要試著用微笑面對，就要有超大的肚量來容納人們的批評。

二次世界大戰爆發前，羅納在維也納當一名律師，戰爭爆發後，他逃到了瑞典，為了維持生計，必須盡快在新地方找份工作。

自詡懂得六國語言的他，很希望能到進出口公司上班，但是事與願違，每間公司都回信告訴他：「戰亂時期，我們並不需要這方面的人才，不過我們會保留您的資料。」

有一天，四處碰壁的羅納又收到一家公司的回信，不過，信上卻毫不留情的這樣批評：「你根本不了解這方面的生意，而且我也不需要替我寫信的秘書，即使需要也不會請你，因為你的應徵信錯字連篇，瑞典文寫得那麼差，休想進入我的公司。」

羅納看完這封信時，被對方的批評氣得快瘋了，情緒高漲的他立即拿出紙筆，準備給對方一個還擊！

但是，就在他寫下第一個字時，卻猛然停了下來：「等等，或許他說的並沒有錯！雖然我修過瑞典文，可是這畢竟不是我最擅長的語言，也許真的犯了很多錯誤也說不定！如果是這樣的話，那麼我得再努力學習才行，看來，這個人其實幫了我一個大忙，雖然他說了這麼難聽的話，但是他確實提醒了我。那麼，我應該感謝他才對啊！」

於是，羅納重新整理情緒，提筆寫下他的感激：「謝謝您不嫌麻煩地寫信提點我，特別是您在根本不需要秘書的情況下，還願意撥空回覆我。非常抱歉，我沒有多了解貴公司的需求就貿然寫信給您，還忽略了信中的錯誤，我真的深感慚愧。不過，謝謝您的回覆與意見，我現在正準備再去學習瑞典文，好好地改正我的錯誤，再次感謝你的批評，讓我有機會修正錯誤。」

信寄出之後的第三天，羅納再次收到那位老闆的信，不過這次他卻請羅納到他的公司看看。

羅納去了，而且還得到一份工作。

當你被面試官拒絕時，會表現出什麼反應？是怒氣沖沖地抱怨對方根本不懂得用人，還是謙卑地反省自己到底有哪裡不足？

其實，找工作一點也不難，真正困難的地方是，我們連自己的缺點和能力在哪裡都不清楚，甚至曝露了缺點也不知道。

更糟糕的是，有人還不知道要修正、補強自己的不足，反而在屢屢被「退件」之後責怪別人不識人才。

別忘了，因爲有瑕疵，批評的聲音才會出現，當你又一次失敗的時候，別再抱怨老天爺沒有眷顧你，快學習羅納的自省態度，找出缺點，一一修正，直到批評聲音減弱，你自然就會得到你想要的機會。

互相肯定更能增強信心

試著用相互鼓勵的方式重建信心吧！因為，不管自信心多麼的強，所有人還是會期待，來自於「你的肯定」！

不管是學生或是上班族，沒有人希望被鄙視，更沒有人會期待被責罰，因爲那些帶點情緒性的責罵，很容易讓人失去信心，失去原有的實力。

面對不如意的情勢，能夠克服自己的不滿和低落的情緒，不任意責怪別人，試著以鼓舞的方法解決難題的人，才是一個成熟的人。

海倫是一位六年級的導師，開學的第一天，一踏進教室，便看見三年前教過的一位學生。

海倫看著他，笑著說：「馬克，又遇見你了。」

馬克也笑著說：「是的，老師，又要麻煩您糾正我了。」

海倫笑著點頭，這時她想起三年級時的馬克是個很淘氣的小男生，每當馬克犯錯，被老師處罰時，總是這麼說：「老師，謝謝您糾正我。」

如今，海倫看見馬克似乎成長許多，不再那麼調皮，上課也專心許多。

有一天，馬克對她說：「老師，這學期的數學比較難，我必須很專心地聆聽，才能聽得懂，當然還是要謝謝老師您的教導。」

海倫看著禮貌周到的馬克，忽然想起其他同學們，似乎也陷入數學概念的苦戰中，因爲這門困難的課程，似乎使他們挫折感越來越大，彼此之間甚至產生抗拒和對立的狀況。

於是，她想起馬克的互動方式：「他們可以互相鼓勵、突破問題。」

上課鐘聲響了，海倫一走進教室，便要求學生拿出一張紙：「你們在這張紙上寫下其他同學的好處與優點，寫完後就可以下課休息。」

半節課過去了，同學們陸陸續續地交稿，只見馬克走了過來，當他把紙張交給海倫時說：「老師，謝謝您的教導，祝您周末愉快！」

海倫利用周末時間，將每位學生的名字和來自其他同學們的肯定，分別重新抄寫在同一張紙上，並加入了她的評語。

星期一，海倫把寫著「優點」的紙張發給每位學生，不久，台下開始出現騷動的聲音，海倫抬頭看了看大家的表情，隨即放心地微笑，因爲她看見了大家都露出「共同的微笑」！

「眞的嗎？」

「我從來都不知道他們這麼看我耶！」

「居然有人會這麼欣賞我！」

這些討論的聲音很小，但是孩子們的臉上全是無法隱藏的自信光芒。

海倫心想：「相信從今天開始，他們再也不會被數學困擾。」

作家普勞圖斯曾說：「能征服自己的情緒，而不是被情緒征服的人，將被視為一個可靠的人。」

活在這個冷漠又紛擾的塵世，使我們感到苦惱，無法釋懷的，通常是人際互動之時衍生的陰霾，因爲我們越來越不會克制負面情緒，也越來越不會激勵別人和自己。

用同儕的力量互相鼓勵，這不僅是最有效的方法，也是最好的方法，所以海倫老師能輕易地重建學生們的信心，喚起孩子們的學習興趣。

反觀我們的教育方式，仍然習慣用「比較」與「責罰」來刺激孩子，希望能「逼」出一個天才，然而眞的逼出來了嗎？還是逼出另一個問題學生呢？

再給彼此一次機會，試著用相互鼓勵的方式重建信心吧！因爲，不管自信心多麼的強，所有人還是會期待，來自於「你的肯定」！

微笑，是最好的生活技巧

你現在就可以敞開胸懷，對著身邊的人「笑一笑」，只要有好的開始，你就會越來越懂得如何微笑。

作家穆尼爾．納素夫曾說：「人的生活方式如果一味地延續一系列的舊習慣，那麼毫無疑問的，他會淪為生活的奴隸。」

人活著，不論何時都要活得比從前更美好更精采，更要懂得讓自己的心裡臉上和都充滿和煦的陽光。

每天一大早出門，你有沒有發現，馬路上迎面而來的那些面孔，幾乎沒有一張是「好氣色」的？

當你心煩地看著這一張張臭臉時，有沒有發現，反射在窗鏡上的你，也帶了一張灰色的臉？

史坦哈結婚十八年了，然而這十八年來，他總是一早起來便急急忙忙地上班，連他自己都發現，他似乎從未曾在踏出家門之前，給老婆一個微笑，更別提在那位門口護守了十八年的管理員。

於是，史坦哈經常這麼想：「我一定是這個城市裡最不快樂的人。」

有一天，史坦哈走在路上，又思考著這個老問題，卻不知怎地，不知不覺中走進了卡耐基的「微笑訓練班」。正因爲這個「小迷糊」，讓他從這個訓練班中，找回了快樂的自己。

最後一堂課結束之後，他決定把課程中學到的生活技巧，應用在現實生活中，於是第二天開始，大家看見了很不一樣的史坦哈！

早上一起來，史坦哈先是神情愉快地給老婆一個熱情擁抱，嚇得老婆緊張地直問：「你怎麼了？」

接著，他來到了門口，很大聲地向管理員說：「早安！」

由於太大聲了，還讓管理員嚇了一跳。

然後，他來到了火車站，對著售票小姐微笑說早安，與此同時，史坦哈也獲得了一個親切的微笑，這也是他十多年來，第一次見到售票小姐微笑。

幾天下來，史坦哈發現，大家給他的微笑越來越多，而且經常是他還未主動打招呼前，別人就已親切打招呼。

現在的他，每天都帶著愉快的心情出門，面對滿肚子牢騷的人，他不再跟著埋怨，而是靜靜地聆聽他們的牢騷，並用微笑回應一切，而問題似乎在這些「微笑」中，也變得越來越容易解決了。

史坦哈還發現，當態度與心境改變之後，工作也越來越順利了。

這天，他的年輕拍檔忍不住對他說：「我很爲你的改變開心，之前我每天的心情總是被悶悶不樂的你影響。現在，每天看見你微笑，讓我也跟著開心，對了，你微笑時讓人有一種舒服而慈祥的感覺！」

史坦哈笑著說：「謝謝你的肯定，過去實在很對不起。」

拍檔微笑著說：「都過去了，不再重要了。」

史坦哈改變了他的批評習慣，改用欣賞與讚美的方式與人互動，生活也更見陽光笑容。他說：「凡事都要試著從別人的角度去觀看，因爲，我們沒有資格蔑視任何人。」

史坦哈最後總是習慣這麼下結語：「擁有眞正的友誼與幸福感的人，才是眞正富有的人，而這也才是我的理想人生。」

當史坦哈發現，能夠「用微笑生活」才是他的理想人生時，你是否也準備重新估量自己的生活價值？

在找出答案前，不妨到鏡子前面，看看自己的臉，是「微笑」紋多，還是「皺眉」紋多，因爲眞正的笑容是假不了的，即使你硬逼著自己微笑，臉部的神經也會僵硬地告訴你，這是一個「笑不由衷」的臉！

如果你也很想用真感情微笑，就別想那麼多了，我們都是大自然的神奇產物，天生就有自己的情感，只是長久以來，被過多不值得煩憂的小事困住，忘了怎麼開懷大笑而已。

試著用微笑代替煩惱，你現在就可以敞開胸懷，對著身邊的人「笑一笑」，只要有好的開始，你就會越來越懂得如何微笑。

還有，慢慢地你還會發現，街上的「微笑」也越來越多了，如果你感到好奇，不妨上前問一問，相信他們的答案都是：「我們這個真情、甜美的笑容，都是因你對著我們微笑！」

不要用猜忌來保護自己

快樂的日子並不在於別人能給你什麼，而是你用什麼樣的態度去看待你的生活，又用什麼樣的角度發現你的美麗人生。

有人說，懷疑、猜忌是爲了保護自己，因而每天繃緊了神經，擔心對方接下來的舉動，或猜測對手的攻擊計謀。

如果用這種態度生活，日子當然過得鬱卒，因爲，到頭來眞正受困於「生命牢籠」的人，只有我們自己。

托尼是美國某製造公司的人事主管，雖然他待人處事都很得體，也充分表現出他的樂觀與自信。

但事實上，在他的內心深處，卻經常出現一種不安的感覺。

在某次聚會裡，托尼對一位好朋友吐露說：「我總覺得自己似乎失去了什麼，工作時，我和同事的互動其實並沒有你們想像中那麼好。因爲，我總是不相信別人，即使和妻子在一起，我也經常會出現莫名的提防。如果，有人詢問我的私事，我更是閃爍其詞，唉！其實身爲一個人事主管，我很需要同事的支持和信任，但我發現，大多數同事都很提防我，甚至是躲避我，也許他們這也算是『回應』我平時對他們不信任且提防的態度吧！」

朋友笑著安慰道：「既然你那麼清楚自己是因爲不善於控制情緒，而讓同事們對你敬而遠之。那麼，爲何不改一改呢？」

托尼無奈地問：「但要怎麼改呢？」

見到托尼的情況與自己類似，另一位參加聚會的友人安娜忍不住訴苦說：「我也經常控制不了自己的情緒，常常脾氣一發不可收拾，儘管我試著改變自己，讓自己變得親切、愉快一點，只是不管怎麼克制，到最後我還是忍不住爆發出來。這種行爲，讓我的人際關係變得相當惡劣，即使在家中也是一樣。單親媽媽的身份，讓我無法妥善地安排時間給孩子。在同時失去孩子與同事們的信賴下，我眞的很失落，好想放棄一切，但是若我眞的放棄了，孩子怎麼辦？我有沒有機會再站起來？」

朋友看著他們，嘆了口氣說：「你們爲什麼不能多信任別人，信任你的工作伙伴呢？你們的事業都非常成功，資歷也相當良好，凡事不妨換個角度想吧！尊重你的同事，也尊重你自己，別給自己那麼多壓力，如果你連自己的情緒都控制不好，又怎能快樂地生活呢？」

很多人糾著心，不管看見什麼人或遇見什麼事，都沒有一個順眼順心的，甚至面對這樣不愉快的生活，還不斷地責怪外面世界的醜惡。

然而，我們不妨仔細想想，一切眞有那麼醜惡嗎？非得用懷疑、猜忌的態度來防禦別人嗎？

有人說：「傷心時，即使吃蜜糖也會變得苦澀！」

相同的，一味用煩躁和狐疑的情緒看世界的人，就算窗外是藍天白雲，也要被他看成烏雲罩頂了。

好好地整理整理你的情緒，吐一口氣，用微笑面對你的生活與人生，因爲快樂的日子並不在於別人能給你什麼，而是你用什麼樣的態度看待你的生活，又用什麼樣的角度發現你的美麗人生。

發揮潛能就能開創精采人生

不要隨便否定他人，也不要輕易地否定自己，只要不放棄，每個人都有機會發揮最大的潛能，開創最精采的人生。

最先提出「自卑感」一詞的奧地利心理學家阿德勒，在《超越自卑》一書中曾經指出：「我們在日常生活中所發生的一切衝突與糾紛，大都起因於那些讓人覺得討厭的聲音、語調，以及那些不良的談吐習慣。」

所謂不良的談吐習慣，就是以嘲諷、輕蔑或嚴峻的態度否定別人。

每一個人都是獨一無二的，每一個人都有他獨特的長才，許多還找不到人生方向的人，需要的是我們的鼓勵和肯定！

珍妮絲正準備把新的講義發給學生們，這時有個男同學不悅地說：「女士，別浪費妳的時間了，我們都是白癡！」

然後，他便揚長而去。第一天教學的珍妮絲聽到學生這麼說，所受的打擊很深，跌坐在椅子上，並懷疑自己是否適合當老師。

這時，一位同事說：「我以前也帶過這班，實在是很糟糕的一群！」

珍妮絲難過地看著同事：「我不知道該怎麼辦！」

這位同事回答說：「別擔心，我在暑期班曾教過他們，他們大部分都無法畢業，妳不必在那些孩子身上浪費時間。」

珍妮絲不解地問：「爲什麼這樣說？」

同事說：「這些孩子都是貧民區一些臨時工或小偷的孩子，他們高興來時才會來，根本不想唸書，妳只需要讓他們保持安靜就夠了，如果他們再惹麻煩，就把他們送到我這裡來。」

珍妮絲聽完，心中一陣難過，回家途中，那位男同學所說的「我們是白癡」，不斷出現她的腦海：「白癡？不是的，我一定可以幫助他們！」

第二天，珍妮絲一進教室便在黑板上，寫下「ECINAJ」幾個字。

珍妮絲笑著問：「這是我的名字，有誰可以告訴我，這是什麼意思？」

當孩子們嘲笑著這個怪裡怪氣的名字時，珍妮絲又轉身，在黑板上寫下「JAN-ICE」，這次學生們很正確地唸出了這個字。

「是的，你們說對了。」珍妮絲說。

「其實，我以前有學習上的障礙，醫生說那是『難語症』。我開始上學時，完全沒法子正確拼出我的名字，而我也被人們貼上『白癡』的標籤。」

有人問：「那妳爲什麼還能當老師？」

珍妮絲說：「因爲我恨人家這麼叫我，我並不笨，而且我很喜歡讀書。如果你喜歡『白癡』這個名稱，那麼請你換個班級，因爲在這間教室裡沒有白癡。因爲，我不會對這個班級的學生放鬆要求，我會和你們一起加油，直到每一位同學都趕上進度爲止。你們會畢業，也有人會考上大學。我不是在跟你們開玩笑，因爲那是我的承諾。」

珍妮絲停了一下，又說：「從今天開始，我再也不要聽到『白癡』這兩個字。你們明白了嗎？」

從這天開始，這群被嘲笑爲白癡的孩子們進步神速。兩年後，這個被視爲「笨蛋」聚集的班級全都畢業了，其中有六位是準大學生。

還記得小時候的分班分段經驗，那些被歸類於後段班的學生，所承受到的壓力與異樣眼光，有多少人認眞地去關心、了解？

也許，有人很幸運地遇見了另一個「珍妮絲」，但是，更多的人就這麼被「放棄」了，不是嗎？

沒有人一生下來就是天才，即使在課業方面表現不突出，也沒有人應該被放棄，因爲繼承生命的每一個人，都有一定的使命與才能，不僅我們不能加以否定，還要勉勵他們不能放棄自己。

所以，珍妮絲才要說：「如果你喜歡『白癡』這個名稱，那麼請你換個班級，因爲在這間教室裡沒有白癡。」

不妨仔細想想，當我們發現學習能力較差的人時，過去都是用什麼樣的眼光看待他們的？

不要隨便否定他人，也不要輕易地否定自己，只要不放棄，每個人都有機會發揮最大的潛能，開創最精采的人生。

站在對方的立場想一想

如果我們太習慣站在自己的角度看對方，很容易就會忽略對方的需求和感受，導致衝突不斷地發生。

心理學家威廉．詹姆斯曾奉勸我們：「想建立良好的人際關係，要先多了解每一個人的主觀信條和所處環境，並尊重他的人格，溝通彼此的思想。」

換個立場，從對方的角度看他所處的環境，不僅能找出解決的辦法，還能預防下一個誤會與代溝的發生。

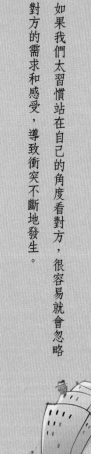

麗特看著十三歲的女兒瑪芮塔，正在門口用泥土和石頭猛擦新買的牛仔褲腳，頓時吃驚地大聲說道：「天呀！這是新買的牛仔褲啊！妳發什麼神經？爲什麼要這樣糟蹋它？」

說完，麗特還跑到女兒面前努力阻止她的動作，然後搬出「媽媽幼年的故事」，對她說教了一番。但是，麗特完全不知道，一件寬鬆T恤和磨得破破爛爛的牛仔褲正是時下年輕人的流行穿著。

想到小時候窮得沒錢買衣服的困境，麗特對瑪芮塔說：「以前媽咪再窮，也不會穿得這麼邋遢啊！」

但不管麗特怎麼勸，瑪芮塔就是不爲所動，繼續使勁地磨擦著褲子。

麗特很生氣地問她，爲什麼非得把新牛仔褲弄破？瑪芮塔一副理所當然的口氣回答：「我就是不想穿新的！」

麗特大聲地問：「這是什麼理由？」

瑪芮塔也生氣地回答：「不想就是不想，我一定要弄破才穿出門！」

麗特實在無法理解女兒的堅持，特別是褲管上的線越拉越長，褲子上的破洞也越來越大時，麗特忍不住對友人抱怨：「爲什麼她要穿成這樣呢？」

朋友說：「妳不妨到她的學校看看！看看其他女孩們是怎麼穿的？」

這天，麗特眞的來到學校接女兒，並觀察其他女孩們的穿著，結果她發現，其他女孩穿得比瑪芮塔還要「破舊」。

麗特邊開車邊想這件事，接著對瑪芮塔說：「我想，或許對於妳的穿著，我是眞的反應過度了些。」

女兒說：「是過度了。」

這時，麗特又對女兒說：「從今天開始，不管妳在學校或是和朋友出去玩，想穿什麼我都尊重妳的意見，不再過問了。」

女兒驚喜地說：「眞的嗎？太好了！」

「不過！」麗特忽然又說：「如果妳和我一起逛街、拜訪親友時，希望妳也尊重媽咪，乖乖地穿上像樣的衣服好嗎？」

瑪芮塔沒回應，似乎有些猶豫。

麗特繼續分析著：「妳不妨仔細想一想，其實妳只是退讓百分之一，而我卻

退了百分之九十九，難道這樣不好嗎？」

瑪芮塔一聽，眼睛爲之一亮，然後立即伸出小拇指，跟媽媽勾勾手指說：「就這麼說定了！」

從此之後，麗特每天早上都快快樂樂地送女兒出門，對她的衣服也不再囉嗦半句，而女兒和麗特一起出去時，也會讓母親很滿意。因爲這個小小的溝通，不僅讓母女倆皆大歡喜，也讓母女的關係更進一步。

親子專家常常勸告父母說：「不要用你的高度看孩子，有時候你也要蹲下來，看看孩子們的小世界！」

其實，不管是面對小朋友，還是你身邊的朋友、同事、主管，很多時候我們都必須換個角度，爲對方想一想。

因爲，每個人的立場不同，成長的背景也不相同，所以解決的方式和技巧也各有所異，如果我們太習慣站在自己的角度看對方，很容易就會忽略對方的需求和感受，導致衝突不斷地發生。

換個位置看一看不同的視野吧！就像麗特與瑪芮塔一樣，稍微調整一下想法，互相交換觀察角度，不僅能輕鬆解決難解的親子代溝，還讓彼此看見了生活中的多元景觀。

只要用心就一定能換得眞心

別再用你的偏見，孤立自己的生活圈了。希望贏得別人的認同，想要與人建立良好的關係，那麼我們就要比別人更加主動。

人生的一切變化，都是相對的，也都是心靈作用的結果，只要願意用心，就能換得別人的眞心。

因此，不要再用大人的眼睛看孩子們的世界，孩子們有他們自己的遊戲規則，其實這些規則也曾經屬於我們，只是被我們遺忘了。

或許，成人比孩子們看得更加長遠、更加清楚，但大人們的世界也需要孩子們「簡單的雙眼」、「單純的心」，以及相信「我對你好，你也一定會對我好」

的眞心！

有一天，小查德對媽媽說：「媽咪，耶誕節我們要交換卡片，但是我想為每一位同學親手做一張耶誕卡片。」

母親看著兒子，支持地點了點頭，然而在她心中卻想著：「難得孩子這麼用心，但是同學們似乎不太喜歡他。」

原來，查德的媽媽接送他上下學時早已發現，小查德似乎和其他孩子們沒有什麼融洽的互動，當其他同學三五成群地聚在一起玩耍說笑時，小查德的身邊卻連一個玩伴也沒有。

雖然，她心中預測兒子不會成功，但是她仍然支持兒子的這項計劃，母子倆便從購買卡紙、膠水和彩色筆等工具開始，花了將近三個星期的時間，小查德精心製作的三十五張賀卡終於完成了。

耶誕節的早晨，小查德興奮地把賀卡排列整齊，小心翼翼放進書包中，開開心心地上學去了。

至於媽媽，今天也決定要爲兒子烤一些他最愛吃的小餅乾，讓他放學後能吃到熱烘烘的小餅乾與熱牛奶，因爲這些將減輕孩子的「失望」情緒。

當孩子們放學的聲音熱鬧起來時，她朝著窗外望去，看見孩子們正熱烈的迎接節日，而小查德，依然跟在大家的身後，不過今天的步伐似乎比平時快了些。當她注意到孩子的手上什麼也沒有時，禁不住濕了眼眶。

小查德跑了進來，她立即抑制住淚水，溫柔地說：「你看，媽媽爲你準備了小甜餅和牛奶喔！」

但是，小查德似乎沒聽到她的話，反而直撲她的懷裡，嚷著：「一張都沒有，一張都沒有。」

媽媽以爲小查德在抗議，正準備安慰他時，查德又嚷著：「媽媽，我的卡片被同學們拿光了，好開心喔！」

從小查德的身上，你是否也學會了簡單的眞心？

如果查德媽媽當時沒有支持兒子的計劃，選擇了否定兒子，那麼，我們可以想見，小查德的人生必定只有孤單和孤立。所以，別再用大人的偏見，去猜測或阻止孩子們的付出，也別再用你的偏見，孤立自己的生活圈了。

希望贏得別人的認同，想要與人建立良好的關係，那麼我們就要比別人更加主動，就像小查德的世界一樣，沒有疏離與偏見，因爲在童眞的世界中，只要有表現，只要小手牽上小手，情誼自然就能展開。

不要爲了一條牙膏吵得不可開交

遇上夫妻吵架嗎？別急著幫他們分析利害或勸說分合，因為他們真正需要的不是我們的偏袒，而他們自己能先冷靜下來。

現代人容易爲小事鬱卒，也容易爲了小事而發生衝突，最明顯的證據就顯現在節節高昇的離婚率上。

有對幸福夫妻間的對話是這樣的：

老公一進家門，即開心地說：「老婆，我回來了，看見妳眞好！」

老婆則立即笑著回應：「老公，看見你回來，我眞的很開心！」

這樣幸福甜蜜的互動，如果能出現在每一對夫妻的身上，相信就不會動輒爲了一條牙膏之類的瑣事爭吵，離婚率就不會那麼高了。

凱特和妻子是對人人羨慕的夫妻，結婚二十多年來，他們總是爲對方著想，甚至爲對方做一些必要的讓步。

從事寫作的凱特雖然沒有闖出名堂，但是以他目前的工作情況來看，已經很不錯了，而且他還有太太的幫忙，每次寫完連載的短篇小說後，都會交給老婆打字並寄送稿件，而這份工作對凱特太太來說，是意義非凡的。

對凱特來說，回家是最重要的時刻，每當擁抱妻子，親吻她的前額時，他總是問她同樣的問題：「親愛的，我不在家的時候，妳會不會很悶？」

體貼的凱特太太，每次的答案都是：「不會啊！家裡有很多事情要忙呢！不過，看見你回來，我更加開心！」

向來把自己視爲丈夫最佳拍檔的凱特太太，和丈夫之間的互動，從不曾冷淡過。但是，凱特太太始料不及的是，凱特居然被一個名叫奧爾嘉的女人迷住了，

她甚至還要求凱特跟她結婚。

已經被迷得團團轉的凱特心想：「唔！那我得先和老婆離婚啊！這也許很容易辦到，我們結婚二十多年，感覺似乎不再那麼熱烈，也許她已經不愛我了，分開應該不會太痛苦。」

雖然有信心「沒有痛苦」，但是性格軟弱的凱特，仍然不知道要如何開口，最後想到了一個方法。

這天，他把自己和太太的情況，移入虛構故事之中，爲了讓老婆看得明白，刻意引用了只有他們夫婦倆知道的生活互動，並在結尾處讓那對夫妻離婚，也讓離開丈夫的妻子，悠閒地渡過她的餘生。

寫完後，他匆匆地把手稿交給妻子打字，便出門了。

當他晚上回到家中，雖然心中猜測著妻子的反應，但嘴中仍然很公式化地問：「親愛的，我不在家的時候，妳會不會很悶？」

沒想到老婆和平常一樣，平靜地說：「不會啊！家裡有很事情要忙呢！不過，看見你回來，我更加開心！」

「難道她沒有看懂？」凱特困惑地想著。

直到第二天，凱特才發現，妻子也用相同的方式與他溝通。因爲，妻子把故事的結局改了：「當丈夫提出這個要求後，他們決定離婚了。但是，那位依然保持著純眞愛情的妻子，卻在前往南方的途中抑鬱而死。」

看著修改後的結局，凱特吃驚地發現，原來老婆對他的感情竟是這樣的深厚，於是他決定，要和那個外遇的女人一刀兩斷。

「親愛的，我不在家的時候，妳會不會很悶？」當凱米特回到家裡時，溫柔而深情的語氣問道。

只見妻子微笑地說：「不會啊！家裡有很事情要忙呢！不過，看見你回來，我更加開心！」

這樣的故事我們都很熟悉，但是這樣的溝通方式，相信我們都是第一次看見。妻子輕輕地修改了故事的結局，也深深地刻劃下內心的眞情，如此情深義重的「結

局」很難不打動人心，不是嗎？

從故事中我們還看見，「冷靜」是妻子成功喚回老公的關鍵，「情深」是她沒有放棄老公的動力，「體貼」則是她贏得圓滿幸福的重要元素，一句「看見你回來，我更加開心」，不僅訴盡了她的無怨無悔，也說盡了共偕白頭的決心。

遇上夫妻吵架嗎？別急著幫他們分析利害或勸說分合，因爲他們眞正需要的不是我們的偏袒，而他們自己能先冷靜下來，好好地想一想：「曾經愛得那麼深刻，怎能爲了一條牙膏而鬧得不可開交，甚至想要離婚呢？」

Part 4

用自信面對否定的聲音

成功不該等待別人的肯定，因為不論別人怎麼看待你，
最後真正能讓你肯定自己的關鍵人物，還是你自己！

用微笑解決生活中每一道難題

生活不該老是要求別人，因為我們最難控制的是自己。情緒的主控權其實一直都在我們的手上。

作家西里曾經寫道：「同樣一件事情，用不同的心情去面對，最後所得出來的結果，通常會大相逕庭。」

確實，心情是決定事情成功與否的重要關鍵，心境一旦改變，事情就會朝不一樣的面向發展。

別再繃著臉面對問題了！靜靜地思考一下，生活中，多一點情緒，我們便少了一點快樂的時光，少點情緒發作，我們歡笑的時間便多了一些。

還是多用微笑解決自己遇到的問題吧！畢竟繃著臉辛苦過日的人，始終品嚐不到生活的甜美滋味！

今天是貝琪與老公馬克蜜月旅行的第三天，他們一直到深夜時分才回到預訂的旅館。

因爲找不到泊車的服務人員，馬克只好請櫃台人員幫忙：「麻煩您將車子停放至停車場，並且將我們的行李拿到房間裡，謝謝。」

櫃台人員點頭答應後，馬克和貝琪便回房休息去了。

「咦？都過了一個鐘頭，行李怎麼還沒送來？他們的服務眞差！」等著替換衣物的貝琪忍不住抱怨著。

馬克也滿臉不悅，立即下樓到櫃台查詢，沒想到，這一問更令他火大了：「什麼，你說剛剛在櫃台的人不是服務人員？那他是誰？我的行李呢？你們又跑到哪兒去了？爲什麼讓陌生人爲我們服務呢？」

一聽見行李被騙走了，一想到信用卡、護照和已經簽名的旅行支票和整整兩週的蜜月旅行計劃恐怕要泡湯了，馬克的情緒立即飆高：「不行，你們立刻找回我的行李！」

「到底發生了什麼事呢？」貝琪看見老公久久沒有回房，忍不住好奇，於是下樓察看。

聽完老公的敘述，貝琪的情緒也變差了，繃著臉看了看老公和服務生，口氣極差地說：「怎麼辦？我好不容易安排這麼多天的假期，如果我們剛剛再多等一會兒就好了！」

「什麼？誰叫妳一直喊累呢！」馬克責怪著貝琪。

貝琪聽見馬克把問題歸咎於她，十分不悅地說：「我說自己拿行李就好了，你偏偏要叫服務員拿上來，哼！」

一段爭執之後，兩個人繃著臉全把頭別了過去。這時，櫃台後的服務人員尷尬地說：「對不起，是我們不對！一切損失我們會負起責任，你們不妨先回房休息一下，等我和主管討論完畢後再通知你們。」

聽見服務人員把責任一肩擔起，馬克這時才回過神，認眞地想：「事情總要解決，生悶氣也沒有用啊！發生這種事情，誰也不願意吧！」

事情想通了，馬克忍不住看了老婆一眼，也想到剛剛將行李失竊和老婆連在一塊兒的情況，忍不住向貝琪說：「老婆，對不起。」

聽見馬克的道歉聲，貝琪溫柔地回望了馬克一眼，接著上前擁抱著老公說：「算了，事情都已經發生了，我們先把問題解決，讓損失減到最小，然後再想法子玩囉！」

馬克點了點頭，笑著說：「好！」

用情緒面對問題是多數人的習慣，然而它也是讓問題越變越麻煩的主因，如果故事中的主角馬克和貝琪一直在氣頭上，始終只會用情緒來解決，最後的結局恐怕無法這麼圓滿快樂。

生活不該老是要求別人，因爲我們最難控制的是自己。情緒的主控權其實一直都在我們的手上，要怎麼恢復和樂氣氛，又要如何讓問題輕鬆解決，只需要我們的一個轉念，想到：「事情都已經發生了，不如用輕鬆一點的情緒來面對吧！事情終究要解決，不如用冷靜的情緒來處理吧！」

生活本來就會有許多突發事件，這都是磨練與豐富生活的絕妙經歷。別老是怪罪老天爺在惡意整人，換個角度想想，那其實是訓練我們操控情緒的最佳機會，更是學會掌握自己的最好方法，不是嗎？

用寬闊的胸襟迎接未來

每個人都會有過往的身世，但是人生第一重要的是現在，過去，出身好壞不能代表未來成就高低。

英國諷刺作家斯威夫特曾說：「譏笑是一面鏡子，誰都能從其中照見自己真實的一面。」

因此，當有人語嘲諷我們、譏笑我們、瞧不起我們的時候，非但不能痛恨對方，反而必須抱著感恩的心情來謝謝這些人。因爲，如果不是他們的輕蔑、嘲笑，我們又如何激發鬥志，勉勵自己奮發向上呢？

來到巴黎之後，大仲馬為了維持生計，經常為法蘭西劇院謄寫劇本，藉此賺取微薄的稿費。

原本就著迷於戲劇的大仲馬，這會兒更加有機會閱讀到精采的劇本，慢慢地也培養出寫作的熱情。特別是讀到自己喜歡的劇本時，腦海立即湧現各種劇情畫面，這時他總是忍不住停止謄寫，另外拿出一張白紙振筆疾書，寫下他心中的精采劇作。

這天，大仲馬帶著劇本走進悲劇演員塔瑪的化妝室：「塔瑪，我很想成為一個劇作家，您能不能用手碰碰我的頭，給我一點勇氣和運氣？」

塔瑪微笑地舉起了手，說道：「好，我以莎士比亞和席勒之名，在此為你這個詩人洗禮！」

大仲馬低下了頭，接著鄭重地說道：「請放心，我一定做得到！」

許下諾言之後，大仲馬花了三年的時間寫出大量的劇本，但是卻沒有被任何一間劇院接受。直到一九二八年的某一個傍晚，法蘭西劇院送來了一張便條給他：「大仲馬先生，您的劇作《亨利三世》，今晚將在本劇院演出。」

收到這個天大的好消息，大仲馬開心得不得了，立即飛奔至劇院。看見座無虛席的場面，大仲馬的情緒有些激動，雖然他無法靠近舞台就近欣賞自己的作品，但是看見大家如此熱烈的反應，一切已經足夠了。

忽然，舞台上傳來一個聲音：「請亞歷山大．大仲馬先生上台！」

大仲馬站了起來，因爲用紙板做成的硬衣領，讓他不得不高高地抬起頭向前走，身邊的掌聲登時如雷響起。

第二天的報紙上寫著：「大仲馬的頭昂得那樣高，但蓬亂的頭髮彷彿要碰到星星似的。」

《亨利三世》演出成功讓大仲馬一舉成名，接下來，另一部《安東尼》也開創了全新的成功紀錄，而他也在短短兩年時間裡，迅速成爲巴黎時尚界最紅的青年劇作家。

但是，對於巴黎貴族圈來說，大仲馬的出身根本配不上他的名聲，人們對於他的背景充滿了輕蔑，有人嘲諷他的黑奴姓氏，甚至連巴爾札克這樣的大作家也曾傲慢地當面嘲笑他：「在我才華用盡時，我就會去寫劇本。」

大仲馬立即冷冷地回應：「是嗎？那你現在就可以開始了！」

沒想到，巴爾札克沒有激怒大仲馬，自己卻反而因爲這句話惱羞成怒：「你說什麼？好啊，在我寫劇本之前，請你先談談你的祖先吧！我想，那一定是個很好的題材。」

大仲馬看見巴爾札克這樣不禮貌，忍不住火冒三丈地說：「這樣嗎？你聽好了，我父親是克里奧爾人，我最敬愛的祖父是個黑人，我的曾祖父據說是個猴子，而我的家鄉正是在你搬走的地方發源起來的。」

昨天和今天最大的不同處是在於，昨日時光已經消逝，無人能追回，唯獨此刻正值日正當中，只要我們能讓今天精采充實，燦亮陽光便能延續至夕陽餘暉，再至月盈星耀，進而迎接下嶄新的一天。

這是我們對生命應有的態度，每個人都會有過往的身世，但是，人生第一重要的是現在，過去或出身好壞不能代表未來成就的高低。所以，有些情緒的大仲馬對巴爾札克說出一個重點：「出身有何重要？無論昨天我踩過多少泥濘，我已到達了目的地，不管過去或身世如何，我和你如今都已經站在同一個原點上。」

每個生命皆有各自的價值，沒有人理所當然地繼承前人的庇蔭，更沒有人應該繼續前路的崎嶇，這個態度不是要抹滅過去的經歷，而是希望每個人都能用寬闊的胸襟迎接未來。

爲了有更好的明天，我們學習把握今天；爲了不受昨天牽絆，我們學會善用今天。只要我們像大仲馬一樣，努力地往前邁進，過去的失落與眼前的挫折終將成爲迎向明天的一股新力量。天明時分，我們也會像大仲馬一樣迎接人生的驚喜。

用自信面對否定的聲音

成功不該等待別人的肯定，因為不論別人怎麼看待你，最後真正能讓你肯定自己的關鍵人物，還是你自己！

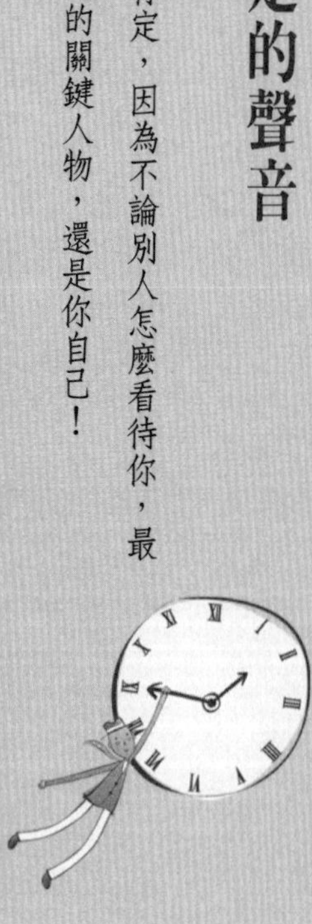

仔細想想每一次失敗的原因，果眞是因爲你的方法不佳嗎？還是你對自己的信心不夠呢？

當你努力地充實了自己的能力，仔細地找到了成功的方法之後，你心中眞正期待的，會是來自別人的肯定歡呼，還是源自於你心底，那個充滿自信的希望號角響起？

這天，剛滿十二歲的戴爾與家人們在墨西哥海灣釣魚。此刻正值傍晚，父親和其他兄弟們迅速地準備好釣具開始釣魚，唯獨小戴爾仍然坐在沙灘上，使勁地擺弄他的釣具。

不久，哥哥還看見他將好幾個釣鉤全掛到釣竿上，忍不住大笑，對他說：「戴爾，你別再胡搞瞎搞了，太陽都快下山了，你快把釣竿拿過來，和我們一塊釣魚吧！」

戴爾的爸爸這時也說：「是啊！孩子，別浪費時間了。」

只見戴爾抬起了小臉，沒有出聲，只搖了搖頭，接著便又低下了頭，繼續重建他的釣竿。眼看太陽就快下山了，媽媽也發出到了晚飯時間的叮嚀聲，這時戴爾迅速將他的釣竿遠遠地拋了出去，並將竿子深深地插入了沙土中。

「你肯定要空手而回了！」哥哥說。

戴爾不以爲然地回答說：「別急著下定論，等吃完晚飯後就知道了。」

晚飯結束後，戴爾不慌不忙地回到了岸邊，夜幕雖然已經拉下，所幸尚有月光相陪。家人們陪著他回到了岸邊，當小戴爾拉起了釣竿時，大家忍不住驚呼著：「簡直太神奇了！」

月光照耀下，釣竿上的魚鱗閃耀著無限光芒，這讓小戴爾忍不住驕傲地揚起了頭，母親笑著撫了撫小戴爾的臉龐說：「孩子，你好棒啊！」

他們數了釣竿上的魚獲，竟然比一家人釣獲的數量還多呢！從此，戴爾最常說的一句話是：「只要你認爲這個辦法不錯，不妨試試！」

也因爲這樣的自信與執著，戴爾不論從事什麼事業，總是能一鳴驚人，而這當然是讓他成爲電腦業鉅子的主因。

不論別人怎麼嘲笑，眞正能左右我們未來方向的人，始終是我們自己。只要對自己有信心，最終我們一定能達到心中預期的結果。

勇敢表現自己的小戴爾知道，機會就在他的手中，即使別人不以爲然，極力

地否定，他仍然堅持：「我有信心，這個辦法一定成功！」

正因爲心中充滿了自信與念力，小戴爾實現了心中的夢想。更因爲這一次的成功體驗，讓他的未來時時充滿了自信，即使遇見困難，都能堅持一定可以成功的信念。

一再地受限於別人否定聲音裡的你，是否已經明白故事的寓意了呢？

「成功不該等待別人的肯定，因為不論別人怎麼看待你，最後真正能讓你肯定自己的關鍵人物，還是你自己！」

這是年僅十二歲的小戴爾從釣魚的過程中省悟出的生活智慧，卻也是你我應當仔細體會的人生哲思。

沒有人應該當個永遠的失敗者

困難是生活的一部份，只要我們能用平常心面對，每一個困難都將是豐富我們人生的重要伙伴。

法國文豪羅曼羅蘭曾說：「累累的心靈創傷，就是生命給你的最好東西，因為，每個創傷上面都標誌著邁向成功之路的記號。」

成功與失敗其實只在一念之間。有人會將挫折視爲累積成功的第一步，因此無論遇到多少挫敗與困難，從來都不覺得自己是個失敗者。

所以，你不應當認爲自己是個失敗者，也沒有人能認定你永遠是個失敗者。成功與失敗的結果全掌握在你手中，只要把腳步站穩，勇敢前進，再強勁的風雨你都能走過。

阿根廷足球明星馬拉度納從小便喜愛足球。每天一賣完擔在肩上的小鐵桶後，他便會趕到巷子裡和自組的小足球隊成員們練習踢球。

在無比的興趣與熱情支持下，馬拉度納幾乎是風雨無阻。非常努力練球的他，球藝進展得比任何人都快，因此十五歲時便被阿根廷球隊相中，力邀他成爲阿根廷足球青年隊的一員。

這天，蒙特斯教練告訴球員們：「再過幾天，你們將迎戰塔賽雷斯隊，請務必全力以赴。」

馬拉度納一聽見即將迎戰的是素有雄獅之稱的塔賽雷斯隊，雙眸立即現出光芒，緊握著雙拳對自己說：「好，我一定會全力以赴，爲自己贏得一份價值非凡的十六歲生日禮物。」

比賽的日子到了，蒙特斯教練將一套印有十六號字樣的運動衣交給馬拉度納，看著「十六」這個數字，馬拉度納情緒有些激動：「是巧合嗎？還是教練故意安排的呢？」

因爲十六歲生日在即，這個巧合讓馬拉度納更加重視這場重要球賽，而且有著非贏不可的決心。

但或許是期望過高以致於壓力過大，馬拉度納踢得並不理想。雖然他一心想破門立功，可是反而一球未進。最後在隊友卡希雷拉力助下，好不容易阿根廷隊踢進了一球，最終以一比零獲勝。

面對如此糟糕的表現，馬拉度納心情非常鬱悶。生日這天一回到家，父親看見他滿臉愁容，便安慰他說：「孩子，你已經是個大人了，別再耍小孩子脾氣了，記得吸取今天的教訓，以後好好地踢球啊！」

聰明的馬拉度納聽見父親的教訓後，揚起了頭，認眞地對父親說：「是的，父親您說的沒錯，我還有許多事情要學，尤其是射門的準確性！」

沒有忘記兒子生日的父親，撫摸著兒子的頭說：「這就對了，這個教訓是你十六歲生日的最佳禮物！」

每天我們都會遇到不順心的事，即使企圖心強、信心十足，也不見得事事成功。只要明白這一點，我們便能像馬拉度納一樣，知道從錯誤中修正腳步，積極地邁向成功之路。

生活中所有的遭遇都很平常，即使是困難與挫折也都是日常生活的一部份，它們是隨時陪伴身邊的朋友，隨時都提供我們面對生活的方法，更經常引導我們修正人生的方向。

只要我們能用平常心面對，每一個困難都將是豐富我們人生的重要伙伴。

球賽不會只有一場，我們遇見失敗的機會也不會只有一次。所以，馬拉度納的父親也提醒了我們：「吸取教訓是人生中最重要的事。不要用愁容面對挫敗，因為每一個失敗都有因果，如果你決心追求成功，便應該知道如何用笑容面對失敗找出原因，等待下一次反敗為勝的機會。」

設法將壓力轉化爲助力

有時候，有計劃的冒險，可以讓壓力轉化為助力，幫助自己完成目標，並進一步提升自己的能力，實踐自己的夢想。

女作家丁玲曾說過：「人，只要有一種信念，有所追求，什麼痛苦都能忍受，什麼環境也都能適應。」

自我設限，是絆住成功最大的石頭。

許多人認定了事情不可能成功，就不願意去嘗試，可是不去嘗試，怎麼知道自己做不到呢？適度的壓力能激發潛能，並且轉換成助力，激勵自己尋求解決的方式。

傑西先生今年二十七歲，是個朝九晚五的平凡上班族，和妻子住在一間小小的出租公寓裡面。

隨著孩子的出生，他們很希望能擁有自己的房子，讓成長中的孩子有更大的活動空間，和良好的學習環境，不再當無殼蝸牛。

可是，傑西的收入並不多，只能勉強負擔每個月的房租和生活開銷。有一天，當他又要開出下一個月房租的支票時，突然跳了起來，並大聲的對妻子說：「我們每個月付房租的錢，都可以拿來分期貸款買房子了，既然如此，爲什麼不乾脆買下自己的房子呢？」

妻子笑了笑，溫柔的對傑西說：「你說的沒錯，但是買房子的頭期款是一筆不小的數目，現在我們負擔不起啊！」

傑西沉默了一會兒，再度抬起頭時，眼中帶著堅定神色。

他告訴妻子：「有許多的夫妻都跟我們一樣，想買一間自己的房子，但有半數以上都沒辦法如願以償，問題就在頭期款。雖然現在我還不知道該如何去湊出那筆錢來，但是我相信，一定會找出辦法來的。」

幾天過後，傑西夫婦找到了一間令他們滿意的房子，既寬敞又舒適，但是頭期款要一千兩百美元。傑西知道自己無法從銀行貸到這筆錢，於是腦筋一轉，找上了包商，希望能私下貸款。

剛開始包商態度冷漠，怎麼樣都不肯接受，後來看到傑西不肯放棄的決心，終於妥協，同意讓他用每個月償還一百美元、利息另計的方式，來付一千兩百美元的頭期款。

解決了包商方面的問題之後，傑西接著要面對的問題是，每個月無論如何都得湊出一百美元來。夫婦倆想盡辦法，只能湊出二十五美元，另外的七十五美元該怎麼解決呢？

經過了一夜的思考，隔天上班時，傑西告訴了老闆自己將買新房子的消息，並解釋目前的狀況。

傑西說：「爲了買新房子，我每個月必須多賺七十五美元才行。公司的一些案子，若能在週末處理，一定能提升公司的營運效率，不知道您能否同意我在週末加班呢？」

老闆聽了，一方面很高興傑西將擁有自己的房子，一方面也爲了他的努力而感動，就答應讓他在每個週末加班十小時，且更肯定了他的能力，將許多重要的工作交付給他。

傑西夫婦也終於快樂地搬進了他們的新家。

每一個人都爲了追求更好的生活而努力著，擁有自己的房子，則是許多家庭的夢想。然而，在相同條件下，多年過後，有些人還是靠租屋過生活，有些人則達成置產的願望。

會有這種截然不同的結果，兩者的差別在哪裡呢？

關鍵的因素就是動力！

人們常被世俗的習慣侷限，讓「事情本該如此」的想法綁住，一旦被別人對自己的評價決定了自我的價值，到最後便會只知安於現狀，不求突破。

如果傑西認定了房屋的頭期款不是自己有辦法負擔的，繼續過著租屋的生活，那他想擁有自己房子的願望，就變成了遙不可及的夢想。

反過來，只要跨出了第一步，就會有第二步、第三步。他會去動腦，思考有什麼方式可以解決問題。

有時候，有計劃的冒險，可以讓壓力轉化爲助力，幫助自己達成原本可能難以完成的目標，並進一步提升自己的能力，實踐自己的夢想。

無論如何都不能放棄到手的機會

只要你有突破困難的勇氣與決心，即使手中的成功機會即將失落，你仍能奮力把握，永不忘棄！

機會那樣難得，那樣珍貴，我們怎麼能讓它輕易地從自己的手中溜走？

別再問機會怎麼那麼難得，也別再問人生爲什麼困難重重，好機會得來不易，我們要更懂得珍惜、把握。

小澤征爾是聞名國際的日本指揮家，他之所以有崇高的地位是在貝納頌音樂節的國際指揮比賽中得來的。在這之前，即使在日本國內，他也只是個名不見經傳的人物。

小澤先生之所以決心參加貝納頌音樂比賽，是受到音樂同好朋友的鼓勵。自從決定參賽之後，小澤先生便以拿到冠軍為目標，帶著必勝的信心風塵僕僕來到歐洲。

只是一到當地，立即有難關來攔阻他。抵達歐洲辦理參加音樂比賽的手續時，忽然發現證件竟然沒有帶齊，即使有參加通知單，委員會仍然不予受理。

「好不容易來到這裡，我一定要參加比賽！」

決心參賽的小澤征爾積極地爭取，他先來到日本大使館請求協助，然而館方人員卻表示他們無能為力。

面對這個突如其來的大麻煩，小澤先生並沒有退縮，忽然想到朋友說過的一件事：「美國大使館不是有個音樂部門嗎？只要喜歡音樂的人都可以加入！」於是，他立刻趕到美國大使館。

他首先便遇見了負責人卡莎夫人，曾在紐約的樂團擔任小提琴手的卡莎夫人

聽完了小澤先生的難處，卻也面有難色地表示：「雖然我也是音樂家出身，但是，美國大使館不能越權干涉音樂節的事。」

但小澤先生仍然苦苦哀求，卡莎夫人思考一會兒後又問：「你是個優秀的音樂家嗎？或者是個不怎樣的音樂家？」

小澤征爾十分自信地回答：「我當然認爲自己是個優秀的音樂家！」

如此充滿自信的回應，讓卡莎夫人立即放下了手邊的工作，聯絡貝納頌國際音樂節的委員們，請求他們讓小澤征爾參加比賽。他們商量了一會兒後回應：「兩周後我們會做出決定，然後再通知你們。」

兩個星期後，小澤先生收到了美國大使館的回覆，他獲准參加音樂比賽了。從預賽到決賽，小澤征爾每一次出場時心中都有一個聲音：「我差一點就被逐出比賽了，就算現在不入選也無所謂，但爲了不讓自己後悔，我一定要全力以赴！」

小澤先生在輕鬆以對中，反而更能盡全力表現，最終他沒有辜負自己的期望，拿下了指揮冠軍。

直到最後一秒，小澤征爾都不願放棄。

他努力地奔走在日本大使館與美國大使館之間，爲了爭取參加機會，用盡全力堅持到底。

這是國際指揮家小澤征爾面對困難的方法，也給了正陷在麻煩之中的人們一個方向：「只要你有突破困難的勇氣與決心，即使手中的成功機會即將失落，你仍能奮力把握，永不忘棄！」

如果自己都沒有積極作爲，不主動爲自己找到求生的出路，我們又有何資格等待別人的支援？

無論困境多惱人，都不能放棄。

每個人都有自救的本能，只要能多一點意志力和耐力，多一點信心和決心，我們定能克服眼前的這些逆境，一如小澤征爾先生一般，無論命運的風浪搖擺得多麼厲害，始終都能堅毅地將成功握在手心。

在有限的機會中充分表現自己

只知一味地埋怨、放棄的人，多數缺乏耐性，更不懂得把握住表現自己的機會。

法國文豪巴爾札克曾經在著作中告訴我們：「所謂的強者，就是那些意志堅定，而又能耐心等待時機的人。」

機會看似無窮，實則有限。我們的生命是短暫的，別輕易地放棄表現的良機，只要我們確實盡了全力，在每一次表現的機會中充分展現實力，那麼不管多難得的機遇，我們都不會錯過。

一九八八年的歐洲杯足球賽上，荷蘭隊的巴斯西在這裡一舉成名，雖然他一度連上場的機會都沒有。

在人才濟濟的荷蘭隊中，巴斯西的表現並不突出，因此教練團決定讓巴斯西等待後補。尷尬地坐在板凳區的巴斯西，對於教練團這個安排十分不滿，卻也不得不服從。只是，好不容易來到了球場上，竟然連上場的機會都沒有，這點讓巴斯西非常難過，甚至還一度想走出球場，一個人獨自搭機回國。

或許是老天垂憐他，就在第三場開始不久，荷蘭隊與英格蘭隊在場上熱烈廝殺之際，主力前鋒受傷了，讓巴斯西終於有機會上場了。

緊緊抓住上場的機會，巴斯西充分地配合主帥的要求。當然，每當足球位在他的腳下時，他更沒有忘記要把握住進球的機會。

這個時候，場上響起了如雷的掌聲。這些聲音正是要送給巴斯西的，因爲他一上場便拿下了關鍵性的第一分，接下來他更有如神助般連中三元。

如此精采的表現，當然爲他贏得了「主力前鋒」的位置。隨後在對德國的比賽中，也是由他踢進了勝利的一球，自此巴斯西不僅站穩了荷蘭隊的前鋒位置，更被人們尊爲足球先生。

拿下了金靴獎之後，巴斯西獲得米蘭隊的高薪合約。在米蘭隊中，他與另兩位伙伴培養出十足的默契，這也讓他的足球生涯再攀巔峰。

後來，有人問巴斯西：「請問您的成功秘訣是什麼？」

巴斯西謙虛地回答：「秘訣？我沒有什麼秘訣！我只是在機運到手時，會緊緊地把握住表現機會而已！」

「別想太多，機會一到手就要好好把握！」這是巴斯西的成功法則，更是經常訴苦自己沒有機會的人應當好好學習的態度。

我們不難發現，那些抱怨很多的人經常說：「我哪有機會啊？我一直都找不到我想要的機會。」

聽見這樣的埋怨，我們不免要問：「是你不清楚自己要什麼，還是人們把機會送到你面前時，卻因爲你的設限太多而自己放棄了呢？」

試想，如果巴斯西當初一氣之下便上了飛機，那麼就算老天爺給他再多的機會，他恐怕連一次也抓不牢。

只知一味地埋怨、放棄的人，多數缺乏耐性，更不懂得把握住表現自己的機會。所以，即使機會送到面前，他們仍然會臭著臉搖頭拒絕。

你表現自我的企圖心有多少，你的機會就有多少。只要肯耐心地等待，屬於你的機會隨時都會出現，就像巴斯西說的：「成功確實沒有秘訣，只要你能耐心等待，一旦機會到手就盡全力地表現自己，那麼成功便是你的了。」

希望需要積極行動來支持

不管是遇見瓶頸，還是遭遇阻礙，只要我們能繼續前進，一定能讓心中希望的目標達成。

沒有積極行動，夢想當然無法實現；缺乏行動力的支持，不管你懷抱著多麼大的希望，最終一切還是要落空。

所以，與其將希望放在腦海中想像，不如先行動了再說，只要能積極地將步伐跨出去，不管這個步伐有多小，你的夢想終會有實現的一天。

有一位四十幾歲的銷售部經理正在向激勵專家拿破崙．希爾訴苦：「我好害怕失去工作，我有一個很不好的預感，我可能就要離開這家公司了，怎麼辦？怎麼辦？」

希爾細心地聆聽，並且引導他說出理由：「爲什麼？」

經理仔細地訴說著：「因爲最新的銷售成績已經出來，這個統計數字對我很不利，今年我這個部門的銷售業績比去年低了百分之七，然而全公司的銷售則額增加了百分之六十五。昨天我被商品部的經理責備了一頓，他說我老了，一點也跟不上公司的進度。」

說到這裡，經理忍不住嘆了口氣：「唉，我從未有這樣的感覺，我似乎眞的失去了掌控的能力，連我的助理也有這種感覺，許多同事也覺察到我的情況，我眞的在走下坡路了。我好像快被淹死了，旁邊還站著許多旁觀者，等著看我滅頂……」

「你想認輸了嗎？」希爾問。

經理聽見激勵大師這麼問他，一時竟呆住了，因爲以目前情況來看，他似乎

已經輸了！經理再次地嘆了口氣說：「唉，我無能爲力了，我眞的很害怕，但是，我又希望會有轉機……」

希爾立即插話反問：「你只是希望而已嗎？」

希爾停了一下，沒等經理回答，又接著問：「爲什麼你不肯採取行動來支持你的希望呢？」

經理眼神忽然亮了起來，希爾引導他：「今天下午你就要想出辦法，將銷售數字提高。你一定知道營業額下降的原因，只要能把原因抓出來，你便能讓『希望』實現。現在，你有兩條路可以走，第一，你可以從現有的貨物中變化，也可以讓你的推銷員表現得更加積極、熱情。雖然我無法準確地指出提高營業額的方法，但是我知道你一定有方法。總之，你要讓身邊的人知道，你還活得好好的，絕對不是一個快要淹死的人。」

經理聽完希爾的心戰喊話，眼神中再度充滿了勇氣，點了點頭後又追問：「第二條路是什麼？」

「第二條路，就是從現在開始，你不妨留意一下有沒有更好的工作機會，萬一在你積極改進之後，還是保不住目前的工作，至少你知道還有另一個方向可走，不致於在第一條路上鑽牛角尖，你說是不是呢？」希爾再一次地清楚指引出方向。

過了幾個月，這位經理在電話另一頭激動地說：「希爾，我眞的成功了，我發現原來問題是在推銷員身上。以前我們是一個星期開一次會，現在則是天天開會，推銷員們現在個個都充滿了幹勁，他們似乎很明白我改革的決心，所以比從前更願意付出努力。還有，當我同時進行第二條路時，竟然一下子就得到了兩份工作機會呢！雖然我全部婉拒了，但是那卻讓我的信心加倍，我實在太感謝你了。」

希爾笑著說：「不必感謝我，因爲眞正幫助你找回信心與成功的人，不是我，而是你自己。」

心中的希望一點都不難實現，所以拿破崙．希爾一再勉勵世人：「請採取積極行動來支持你的希望。」

不管是遇見瓶頸，還是遭遇阻礙，只要我們能繼續前進，一定能讓心中希望的目標達成。無論阻礙多大，我們始終得靠自己找到出口，希爾推辭感謝並不是自謙之詞，而是要我們明白一件事實：「人們的提醒與叮嚀多數只具安慰作用，並不具備實質的解決功效。無論我們遇見什麼樣的難題，最後能解決它的人，始終是我們自己。」

聽完激勵大師的開導，不知道你是否已豁然開朗？

人生原本就充滿大小問題，聰明的人會利用這些問題來豐富生活，因爲他們知道，生命最有趣的部份不在成功之後，而是在成功之前。因爲在這之前，那一段難得的風雨體驗和辛苦走過的重重驚險，確實令人回味。

Part 5

接受困境，才能遠離困境

無論生活中遇到什麼樣的大小麻煩，
只要能積極面對，很快的，
將會發現所有難題迅速解決、消失。

勇敢爲自己的權利把關

只要你知道自己付出了多少，也清楚自己拿得問心無愧，那麼面對人們的有心苛刻或為難，你都應該挺直腰桿為自己爭取權利。

不要老是抱怨，爲何自己生命中會出現那麼多討厭的人，而要試著把這些人當成另類的貴人。

現實社會中什麼樣的人都有，有人滿嘴佛理、慈悲心，但行爲卻與魔鬼無異；有人看似兇神惡煞，實則是爛好人一個。

從審視不同的人及性格中，我們應該慢慢學會怎麼應對，當然也要學會用什麼樣的方法對待不同的人。

因爲父母無力支付學費，小婷只好利用空閒時間當家庭教師，賺取一些大學生活所需的費用。然而前幾天，當她與一名小朋友的家長計算家教費用時，卻出現了一點狀況。

李先生對她說：「王小姐，我們來算一算薪資吧！我想妳應該很需要錢，但妳一直未開口，所以我先提了，嗯，我們講明了每月薪水四百元……」

「四百元？好像應該是六百元吧！」小婷說。

「是四百元沒錯啊，我這裡有記載，我從來都只支付家教老師四百元啊！而妳在這裡只待了兩個月……」李先生邊指著記事本邊說。

「不，是兩個月又五天……」小婷口氣堅定地說。

「是兩個月整，我這裡是這麼寫的，所以原本我應該付妳八百元。不過，這其中還要扣除十五天的工資，因爲那幾天妳只是看顧李林，沒有教他任何東西，另外還有兩天國定假日也要扣掉。」李先生大聲地說。

小婷默默地低下頭，一語不發，眼眶越來越紅。接著，李先生繼續說：「那十五天，再加上三天休假，應該扣除二百三十四元，然後李林又請了四天病假，妳請了三天病假，還有，我太太允許妳午休的時間也應扣除。」李先生滔滔地說，最後結論是：「我一共要給妳……四百八十一元，對吧？」

小婷聽到這裡，淚早已不受控制地落了下來，但李先生似乎沒有察覺，專注地敲打著計算機，繼續計算著：「再來，妳曾經打破一只茶杯，那要扣二十五元，又因爲妳的疏忽，害李林爬樹時撕破了一件衣服，這要扣五十元，還有，上個月初妳曾從我這裡拿了一點生活費……」

苛刻的李先生說到這裡，小婷立即抬起頭，堅定地說：「我什麼時候向您拿過生活費了？」

「妳可能不記得了，看看我這裡的記錄。」李先生將筆記本拿給小婷看，小婷看完後說：「是的，有一次我向李太太拿二十元，那次我忘了帶錢包。」

「好，扣一扣，兩個月的薪水一共是二百七十六元，請收下吧！」說完，李先生把工資交給小婷。

只見鼻涕淚水已不分的小婷接過工資時，還輕輕地說了句：「謝謝。」

「爲什麼謝我呢？二百七十六元怎夠妳生活呢？」李先生問。

「有總比沒有好。」小婷很認命地說。

「這怎行？妳要懂得爲自己的權利把關啊！原本是一千二百元，結果只拿到二百七十六元，這怎麼對呢？妳居然還對我說『謝謝』？」李先生說。

「因爲有人是一毛錢也不給，我至少還有領到錢。」小婷說。

「沒給錢？不會吧？眞有人這麼狠心嗎？妳放心吧！我剛剛是和妳開玩笑的，這一千二百元妳拿去吧！記住，以後妳要勇敢地捍衛自己的權利，沉默不語只會讓妳受盡壓迫和欺負。」李先生好心地提醒小婷。

「嗯，謝謝！」小婷淚水停了，取代之的則是滿臉的驚喜。

小婷是很幸運的，面對從一開始被讀者和小婷一樣誤以爲是「澳客」的李先生，到後來不但拿到應得的工資，還學得了一點生活教訓，想必讓她大大鬆了一口氣，或許還有著「寒冬送暖」的感動！

好心教導小婷要爲自己權利把關的李先生，最後不僅讓人性希望重現，透過這齣戲還讓小婷和你我深刻明白了一件事：「只要你知道自己付出了多少，也清楚自己拿得問心無愧，那麼面對人們的有心苛刻或為難，你都應該挺直腰桿為自己爭取權利。」

其實，人心千百萬種，多的是心機重、城府深，總爲自己著想的對手，遇到這樣的合作對象時，除了要大聲爲自己爭取權利外，更要能即時抽身、離開，尋找能誠懇相待的合作者。只要你也是個誠懇踏實的人，你獨有的磁性終會帶領著你接近最適宜你的磁場。

不放棄希望，就擁有改變的力量

命運就掌握在自己手中，身處痛苦困境，只要我們不放棄自己，不放棄生命希望，再困厄的命盤也會被我們親手改寫。

挫折往往是人生的轉折，就像作家坎普所說的：「沒有遇過挫折的人，無法讓自己的生命綻放出美麗的花朵。」

的確，沒有歷經挫折的人，就像未曾在刺骨寒風中成長的梅花一樣，無法開花結果。一個人如果想讓自己出人頭地，非但不能老是向老天抱怨，爲何自己生命中會出現那麼多挫折，反而還要回過頭來感謝那些在生命中曾經讓自己絕望和沮喪的挫折。

無論是面對失業、破產、離婚或傷殘等悲慘情況，只要你還能呼吸，生命仍然會支持著你繼續活下去。不放棄希望，就能擁有戰勝逆境的力量。

除非你自己放棄了，不然，這個世界仍會耐心等待你再站起來的那天，等著爲你喝采！

有一位美國男子在四十五歲生日那天，哀怨地仰天嘆道：「都四十五歲了，我卻一事無成，我這一年實在糟糕透頂了，離婚、破產、失業……等情況都遭遇過，唉，眞不知道我有何生存價值？」

中年男子對自己越來越感到厭煩，性情也因此變得越來越古怪、易怒，外表看似強硬的態度，卻反映出心靈的脆弱。

有一天，他在紐約街頭遇到一個印第安靈媒。

人在最低潮時，總渴望有人能指引方向，這個中年男子信步走進算命帳篷裡請靈媒算算他的未來。印第安人看過他的手相之後，說：「您是一個偉人，非常

了不起！」

「你在說什麼啊？我是個偉人，你開什麼玩笑？」」中年男子冷眼回應。

印第安人微笑地說：「您知道您是誰嗎？」

中年男子皺著眉，喃喃道：「我是誰？哼，我是個倒楣鬼，是個窮光蛋，我是個被生活拋棄的人！」

「你倒說說看，我是誰？」中年男子忽然抬頭，大聲地問對方。

「您是偉人！您有林肯先生的靈魂，您身體流的血、您的勇氣和智慧都是林肯的啊！先生，難道您真的沒有發覺，您的面貌幾乎長得和林肯先生一模一樣？」印第安靈媒說。

「不……我離婚了……我破產了……我失業了，我無家可歸，我……」中年男子遲疑地叨唸著。

「先生，那已是您的過去，您未來將有非凡的成就。如果您不相信，今天您不必給我一毛錢，不過五年後，您將是美國最成功的人，到時候若證明我的看法是真的，您再把錢給我就行了。我最後要再一次提醒您，您就是林肯的化身！」

靈媒說。

中年男子帶著滿臉的懷疑離開，但另一方面，心底卻有了一種從未有過的感受，緊接下來他對林肯產生了濃厚的興趣與好奇。回到家中，他努力地尋找、研究所有與林肯相關的資料。

漸漸地，他感覺到生活似乎起了變化，無論是他生活大半輩子的環境，還是與他一同生活了大半人生的親友、同事們，現在給他的感覺全變了，人們面對他的眼神和表情比過去還要熱情許多，就連周遭環境也變得比過去順利多了。

時間過得很快，十五年後，也就是在六十歲的時候，成為億萬富翁的他對朋友說：「我知道這一切其實都沒有改變，只有我自己變了。因為相信『林肯靈魂』的我，開始努力研究、模仿林肯的膽魄和精神，也慢慢地被他影響啓發，是我讓自己變成了眞正的『林肯』，變得和他有一樣有決心和魄力。」

也許有人很好奇，故事中的男主角到底是誰，其實，是誰並不重要，知道了他的名字又如何？我們眞正需要知道的不是他的名聲與地位，而是要學習他如何戰勝自己的心魔，是不是呢？

「這一切都沒改變，只有我變了」，當男主角在省思過往人生時，很簡單地告訴了我們，這個世界並不會因爲我們而改變，但我們卻能靠自己的力量改變自己的世界。

「林肯的靈魂」看似重現在男主角身上，事實上，他不過是讓原本存在於他靈魂裡的生命活力重現罷了。

每個讓生命、精神、活力充分展現的人，體內都有林肯的靈魂，他們會適時地在生活困厄中，爲自己找到一個轉彎出口，並且讓生命毅力帶動他們認眞地活下去。

不論在何種困境中，你都不是孤單、無依無靠的，如果你找不到人安慰，請別忘了一直陪伴在你身邊的靈魂。

「命運就掌握在你手中」，其實故事中的靈媒只是在扮演類似心理醫師的角色，只是是在男子最需要安慰的時候給他一個鼓勵，接下來，男子全靠著自己的生命力量再站起來，創造未來！

既然，他可以再站起來，你也可以像他一樣再展精采人生。挫折就是人生的轉折！身處痛苦困境中，別忘了故事要告訴我們的：「只要我們不放棄自己，不放棄生命希望，再困厄的命盤也會被我們親手改寫。」

接受困境，才能遠離困境

無論生活中遇到什麼樣的大小麻煩，只要能積極面對，很快的，將會發現所有難題迅速解決、消失。

遭遇命運的嘲笑，相信自己的能力最重要，不要動輒咆哮。

走在人生道路上，能否有所成就，關鍵就在於如何看待命運的打擊和嘲笑。許多偉人的成功故事不就告訴我們，用正面的態度面對命運的嘲弄，潛能才會徹底激發，才能讓自己登上命運的巔峰？

請直視困境，讓它看見你眼神中的堅定決心，如此一來，它很快便會畏懼你的勇氣，夾著尾巴逃開。

只要你能直視生活中所有意外和難題，這股勇氣自然會伴著著你走出困境，也牽引著你避開生活中的各個險惡處。

說到史蒂芬·霍金，熟悉他的人應該不會忘記這位科學大師那深邃的目光和寧靜的笑容吧！

不過，世人推崇他的原因，不僅僅因爲他是個智者，更因爲他是個充滿勇氣與活力的生命鬥士。

有一次，在一場學術會議之後，有位年輕的女記者躍上講壇，激動地問大師：「霍金先生，你身上的病痛讓你得永遠固定在這張輪椅上，你會不會覺得上天對你太殘忍了呢？」

女記者忽然提出這樣尖銳的問題，讓台下的觀衆有些不滿，會議廳內頓時出現騷動，但旋即便鴉雀無聲，因爲大家很想聽聽大師怎麼說。

一片靜謐中，霍金臉上的笑容並未消失，只見他用著還能活動的手指，艱難

地點擊鍵盤。

廳內出現輕快地的敲鍵聲，投影屏上也緩緩顯示出一行又一行的文字：「朋友，我的手指還能正常活動，所以上天對我可一點也不殘忍！還有，我的大腦仍能正常思考，我仍有要追求的理想，還有我愛與很愛我的親人和朋友，我想，我擁有的要比失去的還多！對了，我還有一顆感恩的心……」

說到這裡，掌聲如雷響起，霍金的笑容也變得更加燦亮，不少人還激動地跑到台前，向這這位非凡的科學家鞠躬致意。

他們之所以深受感動，並不是因爲霍金所受到的苦難沉重，而是他直視苦難時的樂觀態度，那份勇氣與堅強正是他們所缺乏的。

看見霍金大師的堅強，你是否也深受感動與啓發？眼前才剛經歷小挫折的你，是不是可以立即振作，再度堅強地前進了呢？

偉大人物的範例常讓平凡的你我感到不可思議，因而有人會認爲，那是這樣的人物才會有的忍耐與堅強，若是相同的事發生在自己身上，恐怕無法有他們萬分之一的堅強。

但是，你知道嗎？所有偉大的人們其實和你我一樣凡平，也有脆弱的一面，也有需要人們支持扶助的時候，只是他們不會在我們的面前表現。因爲，他們明白，即使正在生命困厄中，他們也必須懷抱希望，把笑容傳遞給我們，然後他們才能從我們的肯定聲中得到前進動力與支持力量。

明白了吧！

每個人都需要互動與互勉才能堅強走下去。有些時候，積極是爲了帶動身邊的人，爲了營造環境的氣氛，畢竟當大環境充滿活潑朝氣時，生活其中的人又怎麼會活潑不起來呢？

霍金大師的這則故事提醒我們「好好生活」。接受困境才能遠離困境，無論生活中遇到什麼樣的大小麻煩，只要能積極面對，很快地，我們將會發現所有難題迅速解決、消失。

正視挫敗，才有風光的未來

只要我們能正視所有挫敗，用心找出失敗的原因，然後積極重建自信，自然能在下一次戰役風光贏得勝利。

想烤出美味的蛋糕，除了材料要實在外，烘焙的技術也十分重要。要訣是什麼？許多烘焙師傅都這麼說：「這門技術只有一個要訣，那就是不斷從失敗中找出成功的方法。」

不論我們站在什麼樣的工作崗位上，要求的工作態度都一樣，只要認真負責、努力用心，自然能烘烤出人見人愛的美味人生。

有個國家常被強大的鄰國侵略，幾乎每場戰役都輸的國王，眼看著自己的國家就快被滅亡，心裡十分焦急。

這天他再度領軍抗敵，但經過多次奮戰後再度潰敗，士兵們為了保住自己的性命四下奔逃，國王也偽裝成牧羊人，逃進了一座森林。

國王在森林裡流浪了好幾天，好不容易找到一間有人居住的小屋，便輕輕地敲了門。來開門的是名婦人，國王輕聲地向她乞討一些食物，並請求暫住一宿。

婦人斜視一身骯髒的國王，接著語帶不屑地說：「好，只要你能幫我看著那個正在爐子上烘烤的蛋糕，我就賞你一頓晚飯，還讓你在這兒休息一晚。現在我要出去擠牛奶，記住，要小心看著這個蛋糕啊！千萬別讓它烤焦了。」

國王點了點頭，接著便靠著火爐坐下，全神貫注地看著蛋糕。

沒過多久，他的思緒開始轉移，雙眼雖然仍盯著蛋糕，但心裡卻煩惱著：「唉，我要怎麼重整軍隊？這場戰爭要怎麼打才會贏呢？面對強敵，我該怎麼迎戰？」

國王越想越多，也越想越慌，國家前途茫茫，到底該怎麼辦呢？

過了一會兒，婦人回來了，而且一踏進門便驚叫連連：「天哪！發生什麼事？你在幹什麼啊？」

原來蛋糕早已經烤焦了，屋裡滿是煙味，至於國王仍然坐在爐灶邊，想得出神的他只乾瞪著火焰，完全沒有發覺蛋糕已經烤焦。

婦人生氣地叫喊道：「你這個沒有用的傢伙，看看你做的好事，今晚沒東西可吃啦！」

國王聽見婦人的驚呼聲，這才回過神來，慚愧地低下頭。這時，婦人的丈夫回來了，一眼認出爐灶邊的陌生人正是他們的國王。

「妳知道妳罵的人是誰嗎？是我們高貴的國王啊！」丈夫說。

婦人一聽，嚇得跑到國王身邊跪下，「對不起，我沒認出您是偉大的國王，請您原諒我的無知啊！」

沒想到國王卻笑著扶起她，「不，妳罵得很對，我的確沒看好爐子，妳是有資格罵我的，況且既然我接受了這個工作，就應該確實地完成任務，但是我卻把它搞砸了，是我不對沒錯。很感謝妳的指責，我絕不會讓自己再犯相同的錯誤了，接下來，我會好好負起國王之責！」

從此，國王積極學習治國的方略，之後再度披上戰袍，也成功地擊退敵人，讓敵人從此不敢再來侵犯。

烤焦的蛋糕帶出了國王的不專心，也提醒了國王要認清自己的責任，負起他對國人應盡的義務，因爲，一味逃避躲藏始終無法解決問題，君主若不能力圖振作，就算擁有再強盛的軍團、再頂尖的智囊，也無法力挽狂瀾。

生活不也如此？如果自己不願積極，不能堅強站起來，無論人們怎麼扶助支援，結果仍會是一敗塗地。

人生好像烘烤蛋糕一樣，要專心也要專精，失敗了沒有關係，只要別屢戰屢敗後仍不知道爲何失敗就好。只要我們能正視所有挫敗，用心找出失敗的原因，然後積極重建自信，自然能在下一次戰役風光贏得勝利。

從現在開始實踐夢想

誰也不知自己的生命有多長，與其走到生命終點時後悔不已，不如現在積極行動吧！

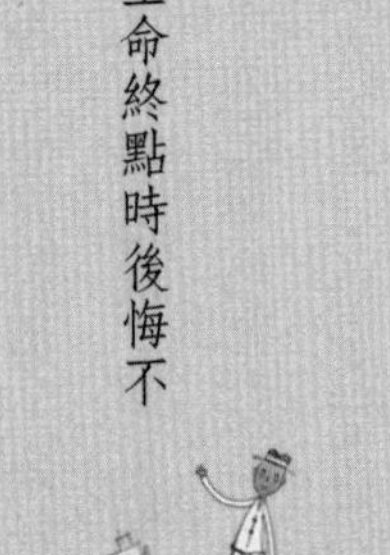

從出生開始，我們手中就握有一張生命清單。當然，這張單子並不是在我們一出生就寫好明細，它會隨著我們的成長與領悟，不斷地改寫或添入。直到我們積極前進，直到我們肯認眞實踐，生命清單才會在最後一頁告訴我們：「夢想眞能成眞！」

沒有行動，我們永遠不知道夢想是否能達成；沒有動作，我們永遠不知道夢想原來不難實踐。只要我們肯動作，你所盼望的結果定能「如你所願」。

有兩位病人同時從醫院門口走進去，不約而同走到同一個櫃台掛號。掛完號後，他們互相問候，發現兩個人都是因爲鼻子的問題來找醫生的。

今天他們都在醫生的要求下，決定進一步檢查，看看身體是不是出了狀況，在等待化驗報告出來的時間，兩個不期而遇的陌生人在等候室聊著天。

艾倫說：「如果化驗出來的結果眞是癌症，我將立刻出發旅行，第一站就要到科羅拉多大峽谷！」

霍華德聽見艾倫這麼說，也點頭說：「我也是這麼想的！」

等待的時間很快便過去，報告終於出來了，結果艾倫證實罹患鼻咽癌，至於霍華德只長了鼻瘜肉。面對癌病，艾倫似乎早已想好對策，列好一張告別人生的計劃表。當醫生提出治療計劃時，他拒絕了，因爲他決定要先把自己寫下的計劃實現完成。相反的，霍華德則選擇住進醫院，先把鼻病治好。

艾倫的第一項計劃是到科羅拉多大峽谷觀光旅行，接著從紐約坐船到利物浦，在夢想的英國住一段時間，然後再前往法國的羅浮宮參觀，最後到澳洲度過南半球的夏天。

當北半球春天的腳步接近時，艾倫要立即從墨爾本搭機前往北京，登上著名的建築奇蹟長城。後來回憶到這一段時，他總笑著對朋友說：「站在長城上，我竟覺得自己就像個豪氣萬千的英雄。」

除了四處旅行之外，他也不忘充實自己，決心讀完莎士比亞的所有作品。此外，像是聆聽一次三大男高音同台演唱等等事項，他都仔細地明列在計劃書中，也確實逐一完成夢想。

最後，他告訴自己：「我要寫本回憶錄和大家分享。」

艾倫的告別人生計劃表中一共有二十七條項目，最終他在這張生命的清單後面寫下這麼一段勉勵：「我這一生有很多夢想，有的已經實現了，有的則因爲種種原因沒能實現。如今，上帝給我的時間剩下不多，爲了不留遺憾地離開這個世界，我要用生命最後的時間去實現夢想。反正僅只這二十七個夢想而已，我一定能完成的。」

第一年，艾倫辭掉公司職務前往科羅拉多大峽谷，第二年又以驚人的毅力和韌性取得了夢寐以求的專業資格證書，並讀完莎士比亞所有的著作。

在這期間，他登上了長城也到過羅浮宮，還在北半球的冬天時到墨爾本游泳，現在艾倫則努力實現他最後一項計劃——撰寫「回憶錄」。

有一天，霍華德在報紙上看見艾倫寫的遊記，便打電話去問艾倫的病況，「我是霍華德，你最近好嗎？」

艾倫在電話那頭笑著說：「很好，很好，我想要不是這場病，我的一生恐怕會很糟糕吧！若不是它提醒我快去做自己想做的事，快去實現自己想實現的夢想，我恐怕到現在都還不知道什麼是眞正的生命和人生。我的朋友，你呢？應該和我一樣快意吧！」

電話彼端的霍華德只輕輕地「嗯」了一聲，便不再答話，雖然當時他曾附和艾倫的夢想行動，但之後卻因爲罹患的不是癌症，而讓夢想成「空」。

對比艾倫與霍華德的人生，一個因爲得知癌症而積極行動，一個因爲結果只是個小病痛而繼續擱置夢想，不知道讓你得到了什麼樣的啓發？

事實上，霍華德所浪費的時間與艾倫實踐夢想的時間相等。然而，我們從身上艾倫，不僅沒見到病懨懨的模樣，反到感覺他活得比過去更起勁，從中我們似乎也預見了生命奇蹟的發生可能性。

反觀霍華德，雖說要先將身體的毛病治好，才能有健康的體魄實現夢想，但事實上當艾倫夢想實現的那天，霍華德仍在原地自怨自艾。

誰也不知自己的生命能夠有多長，與其走到生命終點之時後悔不已，不如現在積極行動吧！

同樣的，不要等到接近生命的終點才「吐露眞言」，愛誰、想誰或對不起誰，現在就大膽直言、坦白告知，相信從此你的人生道路上將有更多人相伴。

規劃生活腳步，才能避免錯誤

不懂事情輕重的人，不知道自己角色與本份的人，總是不明白太過依恃小聰明，只會讓自己不斷地深陷危機之中。

看著上班的人潮，不知道你最常看見的是掛著「緊張焦慮」的臉，還是「自在閒適」的神情？

生活和時間是我們自己的，再不用心分配，時間很快便會被我們消耗殆盡。不是相間不夠，是我們習於怠惰。

經常遲到的人，不妨好好算一算，每天多賴床十分鐘，幾年下來，浪費掉的時間究竟有多少！

剛從大學畢業的喬琳應徵到一間離家很遠的公司上班，所幸每天清晨七時，公司會派一輛專車到鄰近她家的某個地方接員工上班。

這通勤辦法看似方便，但對喬琳來說卻是個麻煩，習慣賴床的她常因爲多留戀了一會兒被窩而差點趕不上車，這也讓她想起不久前的學生生活，那是可以大膽爲賴床而翹課的時候。

冬天到了，喬琳賴床的時間也越來越長，這天她便比平時遲了五分鐘起床，而這五分鐘卻讓她付出嚴重的代價。

這天，當喬琳匆忙趕到專車等候處時，班車早已開走，站在空蕩蕩的馬路邊，喬琳一時間六神無助，心中不覺地責罵自己：「早知道就不要賴床了。」

就在她自責的時候，忽然看見公司的藍色轎車正停在不遠處，她想起同事曾告訴她：「那是公司派給主管們的座車。」

喬琳立即朝那輛車的方向跑去，來到車門前時，稍稍猶豫一下後，接著便打開車門坐了進去。

這時，前座的司機回頭看了她一眼，然後好心地對她說：「小姐，妳不應該坐這輛車，妳最好快去找別的車上班，不然妳會後悔的。」

「爲什麼？我覺得我今天運氣很好啊！」喬琳滿臉得意地說。

這時，公司主管拿著公事包迅速地坐上車，卻發現車子裡多了一個人，吃驚地問：「小姐，妳有什麼事嗎？」

喬琳連忙解釋說：「因爲公司的車子剛開走了，我想搭個便車。」

接著，喬琳還一派輕鬆地說：「您應該不忍心讓一個女孩在寒風中等車吧！特別是在這麼寒冷的冬天裡，況且搭個順風車又不礙事，可以吧？」

主管聽完後，先是愣了一下，但很快便明白她的用意，厲聲回答說：「不，妳沒有資格坐這輛車，請妳立刻下車。」

喬琳這下可呆住了，因爲她從未遇過這樣嚴厲的拒絕。要是平時，她定會重重地關上車門，顯示她大小姐的驕傲，但轉念間她想到這份難得的工作機會，只好乞求著主管：「拜託您，我現在如果下車，肯定會遲到的，我真的很需要您的幫助啊！」

「遲到是妳自己的事。」主管冷冷地回答。

喬琳看著無情的主管，淚水開始在眼眶裡打轉，絕望之餘，竟固執地坐在車裡，以沉默不語對抗主管的不近人情。

結果呢？

兩個人在車上僵持了一會兒，最後卻見主管抓起公事包跨出車門，在寒冷風中攔下一輛計程車，飛馳而去。至於喬琳，則在車裡放聲哭泣，司機見狀嘆了口氣說：「小姐，回去好好想一想吧！」

看完了喬琳的事例，想必讓許多人搖頭嘆息吧！或許你會覺得主管太不近人情，但要是喬琳不賴床，又怎會自取其辱？

喬琳的情況是在眞實生活中發生的情況，可不是電視裡胡亂編寫的劇本。聰明的你一定知道，生活始終有現實的一面，不願面對現實，結果只會像喬琳一樣，因爲自己的怠惰耽誤而害慘了自己。

不懂事情輕重的人，不知道自己角色與本份的人，總是不明白太過依恃小聰明，只會讓自己不斷地深陷危機之中。

遲到原本是可以避免的，一句「早知道就不賴床了」無法扭轉這個錯誤，「遲到」更不是請求協助的好理由，因爲一個連最基本生活都不能自律的人，主管又怎麼放心把公司前途交託到他手中？

能「嚴以律己」，我們才會小心安排生活腳步，也才能避免一句又一句的「早知如此」，並減少犯錯的機率！

私心往往是上當的原因

人生的挫折，往往來自私心自用的選擇，若不是心裡有私心貪念，若不是別有居心，又怎麼會那麼容易受騙上當呢？

現實生活中，許多關於人性的實驗，都顯現社會秩序與生命變動的關係，也讓我們更加看清人心現實的一面。

若從另一個角度思考，生活中原本就有許多現實的考量，人們的私心與欺騙也有著絕對的因果關係。如果不想再被人欺騙，最重要的是得先控制得了自己的私心與貪婪心。

有兩個旅人來到一個小城鎮的酒店投宿，服務生一如往常地向他們詢問姓名、職業和居住的天數。

然而，當服務生問到滯留時間時，其中一名旅人卻小聲地說：「我們是拉斯維加斯的名醫，將在這裡住一個月。我們要拜託你一件事，千萬不要把這個消息告訴任何人，我們將在這做一個試驗，不希望有人打擾我們。」

服務生一聽，好奇地問：「你們要做什麼試驗啊？」

這時旅人的聲音壓得更低了：「在拉斯維加斯，我們曾做過一個讓死人復活的神奇試驗，現在我們將在這裡讓奇蹟重現。」

旅人說完便回到房間，然而當他們第二天走出房門時，卻發現不少人盯著他們看，看來服務並未守住承諾，早將這個奇怪的故事傳開了。

一開始，人們對這件事都一笑置之，但是隨著這兩名旅人展開行動，人們的目光也越來越聚集在他們身上，因爲這兩個人經常去公墓，並久久停留在一些墳

墓前，其中包括一個富商的年輕妻子之墓。接著，他們便到處向人打聽這位年輕太太的事，和其他葬在這個公墓的亡者生前與死時的情況。

這兩個人怪異的行爲慢慢地影響了當地人心，整座小城鎭開始瀰漫在詭異不安的氣氛中，那名商人的行爲舉止開始出現異常，因爲愛妻深切的他眞的相信這個奇蹟將會發生。

然而三個星期過去了，所謂的「復活」並未發生，但兩位旅人卻收到這麼一封信，「我曾經擁有一位像天使般的妻子，但是她後來卻被病魔纏身。我很愛她，眞的很愛很愛她，也因爲如此，我不希望她復活，不想她重回病體，不想看見她再次被病痛折磨，所以請你們別再擾亂她的安寧了。」

信裡還附了一筆錢，希望他們能早一點離開。

在此之後，兩位旅人陸陸續續收到不少該墓地亡者的家人所寄的信，有個男孩明白告知他們，因爲他繼承了叔叔的遺產，所以一點也不希望死去的叔叔復活；另一個在丈夫死後便改嫁的女人則這麼寫：「我那丈夫已經很老了，他不想再活過來了，請讓他安息吧！」

一封封表明不希望亡人重生的信裡，全都附了一筆錢，那或者也算是一種賄賂，賄賂醫生別讓死人復活。但看來他們的目的似乎未能達成，這兩個旅人每到深夜時，仍然會到公墓中做研究。

這天，這個小鎮的鎮長出面干預了。他才當上鎮長不久，而且很想長期地當下去，極不希望前任鎮長再度活過來與他搶工作，所以向這兩位旅人說：「夠了，我相信你們可以讓死人復活，不過這個奇蹟不必在這小鎮裡發生，請你們快點離開這裡，別再進行這個實驗了。我會支付你們一筆錢，總之，這裡不要這樣奇蹟，請你們快點離開。」

這兩個旅人點了點頭，接著從鎮長的手中拿了錢，便回到酒店收拾行裝。臨行前，其中一名旅人對朋友說：「我們這個『試驗』還眞成功啊！」

你知道這兩位冒牌「醫師」到底在進行什麼計劃嗎？

想必聰明的你早已看出端倪，是的，他們研究的目標其實是人性與人心中最

脆弱且易煽動的那一面。他們小心翼翼且循序漸進地誘引著人們，帶著他們進入兩人所設的「復活」圈套裡，終而換得人們的「假相信」與「眞擔心」，達成騙財的最後目的。

他們利用人性的弱點，緊抓著人心的矛盾，然後逐一擊破也逐一取得鎭民心甘情願的付出。至於那些心懷私心又不懂得動腦筋想一想的人，最後不僅被耍得團團轉，甚至還心甘情願「花錢消災」。

人生的挫折，往往來自私心自用的選擇，因暗藏私心而受騙上當的人，其實不應該有任何怨尤。故事中害怕叔叔復活而失去遺產繼承權的男孩，擔心亡夫再現會造成新家庭紛爭的女子，以及擔心前任鎭長復活的鎭長，他們暗藏的心思都成了受騙上當的原因。若不是心裡有私心貪念，若不是別有居心，又怎麼會那麼容易受騙上當呢？

樂觀知足才會幸福

不管他人的別有居心，也不充許自己有心欺人，能如此，長壽健康的日子自然會一路陪著我們走到人生終點。

人如果總是存著算計別人的心思，總是從陰暗面看待生活，心中必然佈滿陰霾，生活必然由衝突、摩擦和痛苦串連而成。

人生最重要的是讓自己過得快樂，不管他人的別有居心，也不充許自己心欺人，能存夠如此，樂觀知足的日子自然會一路陪著我們走到人生終點。

生於阿爾勒小鎮的富翁卡爾基，在一九九六年二月二十一日這天，歡度她的一百二十一歲大壽。

當天來了許多記者，其中有位名叫莎燕·雷伯的女記者問她：「您覺得自己爲什麼能那麼長壽呢？」

老太太回答：「因爲上帝太忙，把我忘了！」

女記者微笑點頭，接著又問：「不知道您長壽的秘訣是什麼？」

老太太笑著說：「哪有什麼秘訣？有的話，我早就高價賣給你們了。」

旁邊的人被老太太的幽默感逗得哈哈大笑，這時女記者又問：「請問您一早起來時都做些什麼事？」

卡爾基說：「上廁所。」

「然後呢？」女記者又問。

「卸完『貨』後，我就繼續上『貨』啊！然後出門曬曬太陽、爬爬山。」老人家幽默地回答。

「孩子，人要樂善好施，千萬別老想著算計人，健康才是最大的財富，那可是花幾百億也買不到的啊！」卡爾基接著又補充道。

說到這兒，老人家似乎想起了不少過往回憶，只見她又繼續說了這麼一個耐人尋味的親身經歷。

在九十歲那年，卡爾基家門口出現了一位不速之客，那個人告訴卡爾基，每個月她將得到一筆養老金。

這個人名叫拉伯萊，是法國小有名氣的法律公證人。

卡爾基心想：「每個月有二十五法郎的零用錢，真不錯！」但她還未老糊塗，轉而又想：「這算是天上掉下來的禮物嗎？世間哪有這等好事？」

卡爾基瞇著眼懷疑，還試著套拉伯萊的話，最後終於讓他說出心中的盤算，原來他竟然盤算著老太太死去後，繼承她祖先留下來的那幢房子。

卡爾基停頓了一下，最後笑著說：「好，帶我去公證所吧！」

拉伯萊正值壯年，心想：「我只要再養妳幾年就好，現在妳都已經九十歲了，再過個七八年就差不多了。然後，那幢豪宅就屬於我的了！」

從那天起，拉伯萊天天祈禱老人家快點死去，可是卡爾基的身體反而越來越

健康，越活越有勁。反觀工於心計的拉伯萊卻是每況愈下，無論是精神還是體力狀態都越來越糟糕，就在七十七歲那天魂歸西天了。

算一算，拉伯萊供養了卡爾基三十年的時間，支付卡爾基九十萬法郎的養老金，這是房產價值的四倍。

卡爾基得知拉伯萊死時十分傷心，惋惜地說：「這孩子很聰明，可惜把聰明用錯了地方。唉！這麼聰明絕頂的人，爲何要做這種虧本的生意呢？」

那卡爾基老太太呢？

她在一九九七年八月四日去世，享年一百二十二歲。

想必有人曾經聽過這個故事，但不知道你有沒有發現，每次聆聽時總會有不同的領悟與感受？

在這則故事中，除了拉伯萊的聰明反被聰明誤、人算不如天算的失誤外，最吸引人的應當還是老人家的長壽秘訣。從故事中，我們發現老人家保有長壽最重要的秘訣，便是保持「幽默樂觀」的人生態度。

想想卡爾基笑談上帝的遺忘和拉伯萊的私心圖謀，對於人生的一切情況與種種遭遇，老人家總是一笑置之。

我們不難從她面對與處理事情的態度中，窺見她淡泊無私的人生態度，更看見她待人處世的寬容，以及從中得到的好處——長壽。

轉身看一看我們自己，為何還要在斤斤計較的生活中，苦悶地面對自己？

仔細想一想，在我們生活周遭那些充滿笑容、慈祥和藹的老人家，是否也和以下故事中的卡爾基一樣，面對麻煩事總是笑談不礙事，對於私心人的有心計較也總說：「我還算有佔到便宜啦！」

微笑是他們臉上的主畫面，他們的埋怨不多，多半時候都是笑著肯定說：「困境總會走過，不必煩憂。」

Part 6

不服輸，才能扭轉劣勢

既然不幸，就要面對不幸，

並相信自己可以改變這些不幸！

只有不服輸的人，最後才能扭轉劣勢。

用智慧度過每一個難關

我們需要勇氣與智慧迎戰生活中的每一項難關。只有智慧和勇氣能讓人更勇於迎戰命運，更堅強地面對命運之神的玩弄。

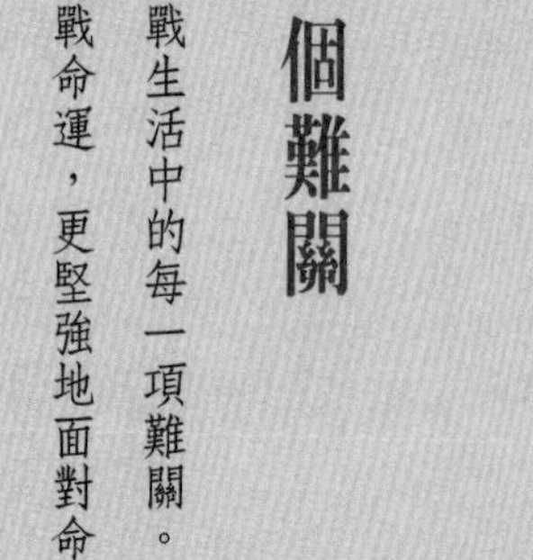

遭遇生活難關，有人哭哭啼啼抱怨生活的困境，有人則是面帶微笑、心懷感謝地走過，不知道你都是用什麼樣的態度面對？

爲了活得更好，每個人都費盡心思，用勇氣與智慧爲自己爭取生活中的各種機會，然而卻常因爲偶遇的挫折與危難，拒絕繼續努力。

其實，挫折往往是人生的轉折，再給自己一次機會又何妨？

放棄之前，不妨這麼告訴自己：「都已經給自己那麼多次機會了，爲何不能

給自己一次機會，走過難關！」

古希臘神話中的底比斯人，曾因得罪了天神赫拉，而被女神狠狠地報復。當時女神大怒，決定好好懲罰底比斯城的人，命令有著人面獅身的司芬克斯到底比斯城外的山崖上站崗，想進出城的底比斯人民，必須通過司芬克斯的考驗，否則就會被吃掉。

司芬克斯有著老鷹翅膀、獅子的身軀與可怕的蛇尾，那雙如火炬般的眼睛，令人們嚇得正眼也不敢望去。

「你們聽好了，有種動物早晨用四隻腳走路，中午用兩隻腳走路，晚間用三隻腳走路，這是萬物中唯一會用不同數目的腳行走的動物。給你們一個提示，當他使用的腳越多時，速度和力量也就越小。」司芬克斯大聲地對每一個路過山崖的底比斯城人民說。

這個難題考倒了底比斯人，路過底比斯城的人一個個被斯芬克斯吃掉，直到底比斯國王之子伊底帕斯出現時才有了轉機。

這天，伊底帕斯正巧路過此地，也遇上了女妖，女妖說：「解開謎題你才能進城，否則，你就得心甘情願地成爲我的點心。」

沒想到伊底帕斯聽見司芬克斯的話時，竟然笑著回答：「好，那你仔細聽了，我的答案是『人』。人在生命的早晨，是軟弱且無助的嬰孩，會用四隻腳行走；在生命日正當中時，則用兩隻腳走路；到了生命晚景，他便得尋求扶持，此時則會多出一根拐杖，做爲他第三隻腳。」

「啊！」聽完伊底帕斯的答案，司芬克斯驚叫一聲，接著便從陡峭的山崖邊墜落死去，因爲謎語被猜中了。

在伊底帕斯解出答案前，你是否已想到「人」這個答案了呢？

雖然我們聽多了勇氣與智慧的重要性，但似乎沒有多少人達成這兩個目標。

雖然伊底帕斯王之後被無情的命運作弄，落得雙目失明又被流放的悲慘下場，但

當他面對困難時，充滿勇氣與智慧的作爲，使他的故事流傳千古。

其實，解謎題和解決生活難題一樣，有題目就一定會有答案，只是，能解出答案的人，往往要比別人更用心思考，也比別人有更冷靜的腦袋。

挫折並不可怕，可怕的是失去智慧和勇氣。好像故事中的伊底帕斯，必須具有智慧勇氣與獨到見解，才能難解救底比斯城中的子民，我們不也需要這樣的勇氣與智慧迎戰生活中的每一項難關？

只有智慧和勇氣能讓人更勇於迎戰命運，更堅強地面對命運之神的玩弄。

抬頭看看你的天空有多寬廣

每個人立足的基礎越來越公平，獨立自主思考的權利也越來越寬廣，除非你放棄自己，否則沒有任何人可以掌控你。

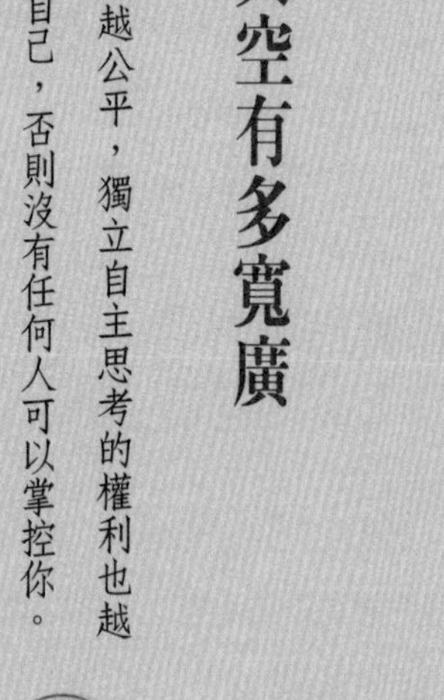

諾貝爾文學獎得主，魔幻寫實作家馬奎斯提醒我們：「生活會不斷地給人一些機會，讓人勇敢地活下去。」

在這個公平競爭的社會中，每個人的機會都很均等，即使先天條件優越，但若自負於這樣的優越感，很快地將會困守於太過自恃的囚籠中。

當布萊爾二度坐上英國首相之位，並開始改組內閣時，在他開列的名單中，再次出現了「戴維．布倫克特」的名字，這位雙目失明、由教育大臣躍入權力中樞的內政大臣，也再次成爲英國人心目中的傳奇人物。

布倫克特的殘疾是天生的，四歲之時，他便進入專門爲盲童設立的寄宿學校上課，這段寄宿生涯在他的自傳中也曾提及，然而，他在自傳中寫道：「在寄宿學校的那段日子，比在家裡糟糕極了。」

因爲這段日子，布倫克特被剝奪了隱私，也失去了家庭的溫暖，回憶起來，自然有許多難過的經歷。

布倫克特很早就學會了盲文，也很早就開始累積盲文速記和打字能力，這些讓他在成年後很順利地找到第一份工作，而這些經驗都爲他後來的從政之路，立下了很深厚的根基。

意志力堅強的布倫克特緊緊把握住生活中的每一次機會，他表現出色，以過人的毅力力爭上游，並不時地告訴自己：「我要過正常人的生活，因爲我是正常的人！」

精力充沛且勇敢的他，甚至還學會了爬樹與騎單車，連滑雪的機會也沒放過，雖然身上跌得青一塊紫一塊，更甚者還造成骨折、磕掉過牙齒。

但是，這一切都未消減他的勇氣和生命活力，他不管人們如何冷嘲熱諷，反而更加積極地參與各項社團活動，鍛鍊自己的社交能力，還主動邀請女孩子出遊、約會。

十六歲時，他加入了工黨，並成爲衛理公會的傳教士，不久他考取了謝菲爾德大學，二十二歲時，他已經是謝菲爾德市的議員了。

由於鮮明的自主觀點，與腳踏實地的工作態度，盲人布倫克特獲得了選民的廣泛支持，在仕途上越走越順暢，到了布萊爾當選英國首相後，他不僅擔任教育大臣，甚至還坐上了內政大臣的位子。

從此，沒有人注意到這位大臣竟然是位盲人，而他的實力也再次受到人們的信服與肯定。

後來，英國《太陽報》曾經這麼寫道：「布倫克特其實是個首相人才，這是極有可能發生的。」

布倫克特聽聞時嚴肅地說：「當首相？開什麼玩笑！我的意思是，我這輩子肯定當不上首相，但我認爲，總有一天會有盲人首相的出現。」

看著布倫克特積極的生活態度，聽見他突破生活「盲」點的企圖心，相信許多人也感受到他立足於「正常人」的基礎上，永不放棄的生命光芒。

在資訊越來越發達的文明現代，每個人立足的基礎越來越公平，獨立自主思考的權利也越來越寬廣，類似「別人能，你也能」這樣積極的鼓勵，也越來越受到肯定。

除非你放棄自己，否則沒有任何人可以掌控你，聽聽布倫克特在故事中告訴我們的：「我可以過正常人的生活，你更可以實現自己想過的生活，我們都頂著相同寬廣的天空，我可以乘風高飛，你也一定可以，只要你願意實踐自己的夢想！」

不服輸，才能扭轉劣勢

既然不幸，就要面對不幸，並相信自己可以改變這些不幸！
只有不服輸的人，最後才能扭轉劣勢。

俄國文豪屠格涅夫曾說：「你想成為幸福的人嗎？那麼你首先必須學會感謝讓你吃苦的人。」

確實如此，重要的並非你遇到什麼人，而是用什麼心態應對，事後又獲得什麼；如果你想出人頭地，就必須調整那些狹隘的想法，把自己討厭的人當成生命中的貴人，如此，才能提升自己的境界，看見更寬闊的未來。

拿破崙的父親爲了兒子有成，費心地將他送進貴族學校。然而，拿破崙的家境與其他學生落差極大，許多知道拿破崙背景的孩子因而經常嘲笑他的貧窮與困窘，並有意無意地在他面前誇耀家裡的財富。

自尊心極強的拿破崙面對同儕的譏諷，儘管怒不可抑，卻不能不承認事實，因爲自己的出生背景確實不如人。窮苦出身讓他無力反駁，因而他唯一能做的事是寫信向父親訴苦，「父親大人，我不想再疲於解釋我的貧困，雖然我知道他們只有財富高於我，若說高尚的思想他們則遠在我之下。儘管如此，我還是不想再面對這些富有而高傲的人了。」

「孩子，正因爲我們沒有錢，所以你更得在哪兒讀書，如果你想要擺脫貧窮，不想一輩子被人嘲笑，便得堅持下去，直到畢業。」父親回信這麼勉勵他。

於是，拿破崙堅強面對人們的嘲笑、欺侮和輕視的態度，每一次他都這麼告訴自己：「我一定會讓他們刮目相看，我的成就一定會高於他們！」

能立下這樣的決心並不容易，但拿破崙做到了，他不空口自誇，也不情緒回應，求學過程中，每一步都十分小心也默默地積極前進。聰明的他還學會了利用這些沒有頭腦卻自傲的人作爲他的踏腳石，使他們成爲他獲得一切技能、財富、名譽與地位的助力。

另一方面，當其他同伴們忙於追求女人和賭博時，他則埋頭讀書，累積自己的能力，耐心等待著超越他們的那一天。

在那個非常時代，拿破崙選擇加入軍旅，這條路更加艱辛，但他卻充分發揮在貴族學校裡習得的生存技巧與耐力，更加努力累積自己的軍事實力，所有關於軍事謀略的圖書與技巧他也努力學習，等著一展所長的時機。

在軍營中，當他將科西嘉島的地圖畫出來時，當他以數學方法精準算出佈置防範的最佳座標時，長官們都讚譽有加。

身材矮小的他常被嘲笑，然而無論是被人取笑出生背景，還是後來被譏爲書呆子，拿破崙全都一笑置之，因爲他知道，所有的嘲笑總有一天會消失，因爲他的時代就要來臨了。

是的，當長官們發現拿破崙紮實的學識，也見識到他豐厚的實力後，開始分派許多重要任務給他。拿破崙自然不忘把握每一次機會全力表現，機會一次又一次地出現，他也慢慢地擁有非凡的權勢地位。

情勢開始改變，從前嘲笑他的人改以卑微的姿態出現在他面前，甚至低賤地乞求他的關愛，那些過去輕視他的人如今個個都希望能成爲他的朋友。

至於那些曾譏笑他矮小、無用的人，後來則對他充滿敬意，其中不少人更成爲他忠心的擁護者。

聰明的你想必發現了，在父親分析勸進後，拿破崙便已發憤圖強，確認了自己未來的方向。

當那些有錢子弟四處玩樂、虛度時光時，拿破崙則努力拓展他的成功道路，積極尋找發展機會，後來終於站上領導者的大位。

拿破崙的聰明與努力，當然是促成他成功的原因，但最重要的是，他擁有不服輸的心。因爲不服輸，所以他能在受盡恥辱與欺負時，積極地再站起來，重整心情，向前邁進。

試想，如果當初他因爲受不了同學們的欺負，只懂得自憐自艾，父母親也因爲心疼而允許他回家，那麼後來的歐洲歷史便不會有這麼一號英雄人物了，甚至整個歷史也將因此改變。

「既然不幸，就要面對不幸，並相信自己可以改變這些不幸！」這正是拿破崙在故事中要告訴我們的；只有不服輸的人，最後才能扭轉劣勢。

從「C」到「E」的成功技巧

不必貪求一時的興盛與風光，一切只需循序漸進，也一步步累積，每一分每一秒都用烈火焠鍊自己。

成功好像命名一樣，不少人爲了替孩子或自己找一個最具成功相的名字而絞盡腦汁，翻開大辭典，從第一個字找到最後一個字，直到名字讀來順暢，也讓他們感到希望無限時，才會放心闔上書冊。

仔細想想，成功路不也如此？不也得從東找到西，從A點找到Z點？

那些能拿下成功桂冠的人，共同的特色就是不斷地前進，不斷地尋找。對他們來說，追尋成功就如同命名一樣，沒有得出最佳結果，絕不說「停」。

達斯汀．霍夫曼是美國家喻戶曉的演技派演員，榮獲終身成就獎時，曾在頒獎典禮上提到一則讓人們難忘的小故事。

當年霍夫曼宣傳〈畢業生〉這部電影時，碰巧與音樂大師史特拉文斯基在同一個地方接受訪問，當時記者問史特拉文斯基：「先生，您能不能談一談新作品首度公演的感想？」

史特拉文斯基微笑著說：「新曲首次公開演出，便能得到聽衆們的肯定與支持，確實相當難得，但是，無論是以往還是此刻，我的心情一直都很平靜，沒有太大的起伏。」

「您不覺得這是一生中最値得自豪的時刻嗎？」記者問。

聽見記者這麼問，這位音樂大師淡淡地回答：「確實，我並不覺得此刻有什麼好自豪的！」

記者不敢置信地追問：「史特拉文斯基先生，難道您生活中還有比此刻更讓您感到驕傲、自豪的時候嗎？」

史特拉文斯基點頭說：「是的，對一個創作者來說，只有在構思新曲時才是展現自我生命光彩的時候。回想起來，那時坐在桌前的我，可說是日以繼夜地琢磨著每一個音符，我用靈魂感應屬於這首曲子的生命之音，無論是面對哪一個音符，即便是休止符，我也一視同仁地以生命交流，目的便是希望每一首曲子都能有完整且完美的生命節奏。所以，我絞盡腦汁尋找新曲中的每一個音符，不論是『C』還是『E』，我用心斟酌，當我終於發現那個『最適宜也最重要』的音符的剎那，正是我人生中最快樂、最自豪的時刻！」

這是史特拉文斯基的堅持，也是啓發霍夫曼人生的重要談話。霍夫曼還說，當場他還感動得掉下了眼淚呢！

說著對音樂大師的感動，霍夫曼自己其實也寫締造了不少成功傳奇，好像〈畢業生〉中成功的角色詮釋，以及後來入木三分的「雨人」表現，總結他們兩人的成功因素，正是「認真」、「用心」。

生活中，我們也不斷地從「C」找到「E」，不斷地尋找最適宜自己發展的機會，和最能展現自己才能的好方向。

不斷嘗試，不斷學習努力，爲了開創最精采的人生，我們必須不斷地摸索、探尋，即使接近人生終點，也一樣要持續下去。

誠如偉大的作曲家不眠不休的工作，只爲尋得一個最能感動人的音符；長相平凡的霍夫曼靠著努力表現，積極向上，最終也得到人們的肯定。

不必貪求一時的興盛與風光，一切只需循序漸進，也一步步累積，每一分每一秒都用烈火焠鍊自己。

即便人們此刻還不明白我們的實力，還不看不見你我的努力付出，但又何妨？等到結果烘培出爐時，一如史特拉文斯基與霍夫曼，最終人們總會聞到、品嚐到他們辛苦製成的美味成品。

擺爛只會讓你更可憐

前浪若不懂得順應風力加快速度前進，就激不起美麗的浪花，就只能等著被後浪無情地取代了。

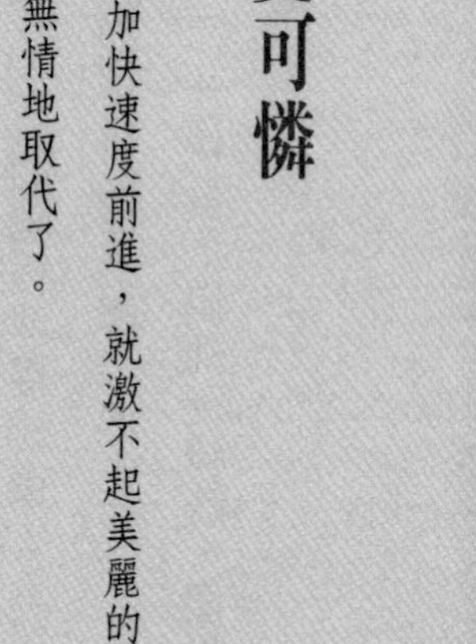

生命演變最突出的地方就是「改變」，生活演進最重要的狀態則是「成長」。改變與成長常常是一體兩面，不論我們從哪個角度切入，只要願意改變就會成長，只要願意成長就會改變。

不管想在哪個領域爭得一番成就，都要跟著時間流逝而成長、改變，並積極累積經驗與實力，同時積極突破創新，然後才能獲得突破的契機。

楊先生進這間公司時，才剛大學畢業，那年二十二歲。

在那個年代，大學生的學歷是非常少見的，公司視他為寶貝，積極延攬進公司，並請他擔任總經理的助理秘書。

當然，他的表現也無愧於面試官的肯定，秘書之職做得十分出色，無論是寫報告或講稿，還是處理事務，都能條理分明，處理得又快又好，因而深獲主管們賞識，總經理更是對他十分禮遇。

勤學苦練了好幾年，楊先生的文筆練得爐火純青，公司裡沒有人不知道，楊秘書是個文采飛揚的寫手。

幾年後，總經理提早退休，新的總經理接任後，公司人事進行大搬風，升職的升職，被貶的被貶，楊秘書則被拔擢為辦公室主任。

與此同時，公司也招聘了一些新員工填補空職缺，像楊先生原來的秘書之職，便由一名剛大學畢業的新手接下。

然而，新手的文筆生硬，再加上摸不透主管要什麼，寫出的東西亂七八糟，改都沒法子改，總經理只好再請老楊幫忙。

至於他的工作，總經理只得再成立一個行政科，讓那些新人負責，好減輕老楊的工作量。只不過，聰明人都看得出來，這樣的「分擔」卻是讓原本擔任「主任」職位的老楊，再次回到了秘書的位子。

過了好幾年，新的主管與員工來來去去，周遭同事也升了又升，唯獨老楊始終坐在「秘書」的位子上，公司裡每個人一看見老楊都說：「久仰了，這個工作還眞沒有你不行。」

從此，他便成爲公司裡動也不動的秘書，同事從叫他小楊一直到改叫老楊，幾十年光陰過去，他始終在那些方格紙上度過。

看到同事們一個個職位升了又升，老楊心裡當然不是滋味。後來，每當有人恭維他是寫手時，他常恨不得把手中的筆折成兩段，當然他沒有這麼做，因爲他還是想保住「筆神」之名。

有一天，老楊聽說這麼一個故事，大意是說有個開車技術很好的司機，幾十年來都爲主管開車，從未被拔擢提升，然而後來他年紀大了，開車技術也變差了，主管便派他去做行政工作。

老楊似乎從中得到啓發，從此寫稿常常前言不搭後語，條理不清不楚，大老闆提醒他好幾次，甚至還不留情面地大聲批評他，但老楊依然故我。這時，大老闆心裡不禁這麼想：「老楊看來是老了，思想也呆滯了，公司正好要精簡一批人員，看來他也必須列入名單中。」

做了幾十年秘書的老楊就這麼被裁員，這個結局當然是他想都沒想到的。

看著老楊的表現，眞不知道該評他聰明反被聰明誤，還是說他根本就是個沒有腦袋的人？

在職場上，沒有誰是不可取代的，也沒有人可以信誓旦旦地保證這份工作沒有誰就不行，後浪推前浪時有所聞，當然也不乏發現自己不足，而加緊累積自己實力以保住職位的前輩。

職場競爭是現實的，墨守成規的人很快便會被市場淘汰，不知道自己哪裡不足的人隨時都要捲鋪蓋走路，對公司來說，沒有誰是「不可或缺」，只要一發現「不堪使用」的人，多數公司會毫不留情地請人離開。

故事中的老楊，自始至終都安命於同一個位子上，雖然有機會改變一成不變的生活，卻不求變動，好聽的「筆神」之名看起來風光安全，事實上，當身邊的人不斷地高升，不斷地累積資歷時，他只是坐在同一個位子上玩筆而已。

曾有的機會是老楊自己放棄的，後來自作聰明地「擺爛」更是他自毀前途的主因。要謹記，機會不是人人都有的，有機會變動，就不要輕易拒絕，除非自己早有新的規劃。

如果你在同一個位子上等久了，也和老楊一樣始終只做一樣的事，那麼就得重新思考你的情況，或是謹慎評估你的危機，因爲，前浪若不懂得順應風力加快速度前進，就激不起美麗的浪花，就只能等著被後浪無情地取代了。

機會只給勇於爭取的人

存在於成功者身上的重要基因，正是「勇氣」和「毅力」，勇於挑戰的人，機會必定會等待並與他一同前進，直到他成功為止！

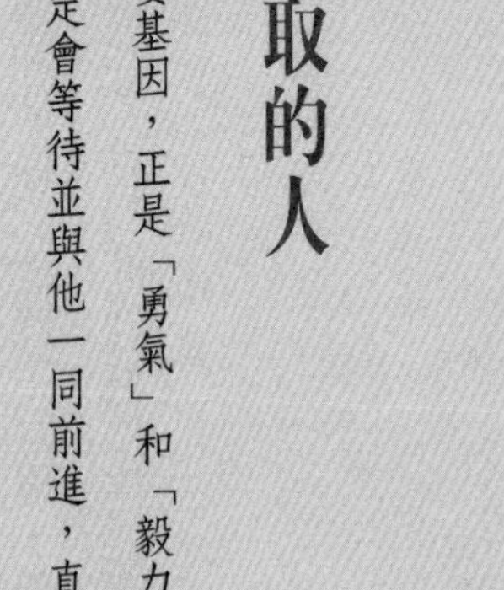

生活中我們都會遇見難關，也隨時都會碰到困難，但無論事情多麼棘手，一切終究都會過去，成功的機運也始終都掌握在你我的手中。

套句電視主角的口頭禪：「氣勢就在我這邊！」意思是說，只要我們有信心，再艱困的難關都一定會被我們的氣勢所逼退，只要我們有自信，成功的機會必定會站在我們這邊。

卡羅·道恩斯原本是在一家銀行工作，捧著人人羨慕的金飯碗，然而，他後來卻放棄了，他說：「在這裡，我無法充分發揮自己的才華。」

於是，他毅然地離開銀行，隨後走進了杜蘭特公司，也就是後來名揚天下的通用汽車公司。

在新的工作環境中，道恩斯努力奮鬥了半年之後，爲了進一步了解自己的才能，便寫了兩封信給杜蘭特老闆，希望從對方的回覆中，了解自己的工作表現，也明白公司能給予的發展空間。

然而，杜蘭特並沒有兩封信都回，他只回應了道恩斯的一個問題：「我有沒有機會擔任更更重要的職位，做更重要的事？」

只見老闆在這個問題下批示：「現在，我將任命你負責監督新廠機器的安裝工作，但不保證升遷或加薪。」

道恩斯接受新的工作命令，但是在他手上的，只有杜蘭特給的一張施工圖。杜蘭特對他說：「按圖施工，就看你能做到什麼程度了。」

也許，對看得懂這張圖的人來說，這只是件小事，然而對從未接受過相關訓練的道恩斯來說，看著完全陌生的圖紙，還要在短時間內完成施工，確實是件非常困難的事。

但是，道恩斯心裡明白：「這是一個千載難逢的機會，如果我就這麼退縮了，恐怕就再也沒有機會了。」

於是，他重新調整好自己的心理，開始認眞地鑽研施工圖，並找到相關人員一起合作、研究，很快地，他便學會了掌握工作的重點與脈絡，還迅速地提前一個星期完成了這項任務。

這天，道恩斯來到杜蘭特的辦公室，準備向他匯報工作時，卻吃驚地發現，緊鄰杜蘭特辦公室的房間，門牌上竟寫著「卡羅．道恩斯總經理」！

忽然，杜蘭特打開了門，笑著對他說道：「從現在開始，你正式升任爲總經理，薪水部分，則在你原來的底薪上，多加一個『○』。」

道恩斯不敢置信地遲疑著：「這……」

杜蘭特接著說：「我是故意要交給你那些圖紙的，我知道你看不懂，不過我想知道，你將如何處理。你果然沒讓我失望，原來敢於要求更高薪水與職位的你，

眞的更勇於挑戰困難，挑戰自己，所以我相信，你必定是個優秀的領導人才！機會總是眷顧那些能鼓起勇氣並主動出擊的人，相信這一點，你必定比我明白。」

你對自己的能力有多少認知？

對於自己的實力，你又有多少信心？

我們不妨試著與道恩斯轉換角色，換作是你，你會怎樣面對、處理？

知道自己的能力所在，也相信困難終究會過去，那麼我們便會明白道恩斯在故事中所帶給我們的啓示：「再困難都要勇往直前，因為機會就在你的手中，一放棄就再也沒有機會了。」

我們都知道，存在於成功者身上的重要基因，正是勇氣和毅力，就像杜蘭特在道恩斯身上看見的：「勇於挑戰的人，機會必定會等待並與他一同前進，直到他成功為止！」

冷靜思考，輕鬆解題

到問題時，要先保持冷靜，才能想出最好的解決辦法；發現問題，要越簡單思考，才能越容易看見解決的辦法。

我們都知道，情緒是解決不了問題的，所以遇到麻煩時，要先保持冷靜的情緒，才能耐著性子把問題抽絲剝繭，一一解開。

雖然能冷靜處理事情的人不多，但只要我們願意慢慢訓練自己，漸漸養成習慣，總會成爲那「不多」裡的聰明人之一。

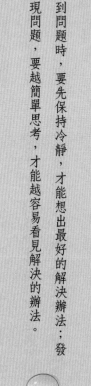

農夫打掃完馬廄，發現他最心愛的懷錶不見了，連忙回到馬廄仔細翻找，但找了半天，卻始終不見那只懷錶。農夫著急得眼眶泛紅，因爲那只懷錶對他有著特殊意義，是他老母親留給他的唯一遺物。丟失遺物，讓農夫一時間六神無主，恍神地走出馬廄，正巧撞上在馬廄外玩耍的孩子們。

「您怎麼啦？」孩子們發現農夫神情異樣，關切地問道。

農夫看著這些孩子，心想自己老眼昏花，孩子們的眼睛肯定比他銳利，或許可以幫他找到懷錶，於是便向孩子們說：「麻煩你們幫我一個忙，只要你們誰能幫我找到懷錶，我就給他一美元。」

孩子們一聽有獎賞，一窩蜂地跑進馬廄四處翻找，但找了一段時間後，一個個帶著失望的神情走出馬廄，嘟囔著說：「根本找不到啊！」

農夫點了點頭，說：「謝謝你們。」

就在農夫決定放棄時，有個孩子悄悄地對他說：「我想再進去找一次，不過，這一次只能讓我一個人進去，好嗎？」

農夫望著他，點了點頭，但心裡想的卻是：「大家幾乎快把馬廄翻了過來，還是沒能找到，他再進去也是一樣吧！」

雖然農夫心裡不抱希望，但還是讓孩子進去，並在馬廄外等待他出來。只是，等了很久卻還不見孩子出來，眼看就快要下山了，農夫不想再等了，帶著失望，正準備轉身離開時，那孩子卻忽然大喊一聲：「找到了！」

孩子拿著懷錶跑出來，農夫一看，果真是老母親留給他的那只懷錶，不禁驚訝地問：「你是怎麼找到的？」

「我走進馬廄後，便靜靜地坐在地上，耐心等待四周安靜下來。慢慢地，我開始聽見滴答滴答的聲音，然後我便循著那個聲音找尋，最後就讓我找到了！」孩子開心地把懷錶交給農夫。

農夫點了點頭，接著拿出一塊錢給這個聰明的孩子，「這是你應得的！」

這則故事再次證明「冷靜」果然是解決問題的不二法門，不論農夫慌張著急地重回馬廄，或是一大群孩子鬧哄哄地在馬廄中翻找時，我們看見的只是毛躁與

慌忙處事的情況，最後當然也得不出什麼好結果。

小男孩來到農夫面前，冷靜請求獨自一人進入馬廄找尋失物時，我們也預見了農夫尋回失物時的歡喜。

將這則故事與我們的生活連結，不難發現現代人最缺乏的便是這種冷靜行事的智慧。一發生事情，除了本身情緒紛亂之外，還要製造混亂，只會用慌張的情緒面對問題，不是越鬧越讓問題變得複雜難解？

遇到問題時，要先保持冷靜，才能想出最好的解決辦法；發現問題，要越簡單思考，才越容易看見解決的辦法。

堅持到底，自然能抵達目的地

成就沒有想像中那麼易得，但成功也不是那麼困難，只要秉持「堅強」與「堅持」的信念，路總會照著我們的計劃，鋪設到目的地。

成功的腳步少一步都不行，成功的意念一刻也不能停歇，想擁抱成功的人生，我們隨時隨地都要告訴自己：「一步接一步，自然能成功圓夢。」

所以，別急著三步併做兩步，那只會讓我們跌倒的次數變多，急躁只會讓我們忽略陷阱，因而更容易遭逢失敗的危機！

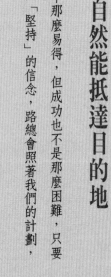

還未滿二十歲的李嘉誠志氣很高，不願接受父執輩的安排和幫助，堅持要靠自己的實力闖天下，這個決定充分展現出他獨立、自信的性格，這也正是他邁向成功，成爲華人首富的主因。

穩健且不浮躁的工作狀況是他的特色。

他原先的目標是銀行業，但第一步走得並不順利，最後只得到餐廳工作。他胸懷大志卻也安分認命，總是對自己說：「成大事本來就是從小事做起，然後自然能一步步邁向理想目標。」

在這個人潮衆多的餐廳中，他額外爲自己安排了一門觀察課程，每天都要猜測顧客們的籍貫、年齡、職業、財富、性格，然後再找機會一一驗證。接著，他還要求自己揣摩客人們的消費心理，學會如何眞誠待人又投其所好，讓客人們能花錢花得很開心。在這份工作中，他一步步累積經驗，知識也在努力閱讀學習中得到提升。一段時間後，他選擇進入舅父的鐘錶公司當學徒，學習能力極佳的他，很快便學會了鐘錶的裝配及維修技術。

鐘錶店始終不是他的目標，十七歲時他毅然辭別舅父，出外開始創辦自己的事業，雖然屢屢失敗，甚至好幾次都陷入困境，但他的志氣從未被消磨掉。他穩住自己的情緒，踏實地一步一步往前走，直到創建了塑膠工廠。

之所以選擇塑膠業，是長久觀察得出的結果。他認爲這是一個機遇，因爲未來的世界正朝著這個化學工業大步邁進。結果眞如他所預期的，這種審時度勢的判斷力確實讓人佩服。

有一年，李嘉誠到歐美拓展市場時，又碰到一個十分難得的機會。當時，有位歐洲批發商因爲李嘉誠公司的產品價格低於歐洲產品而來找他合作。

不過，這項合作有項但書，批發商面對一個機制還不成熟的公司，始終有些擔心，爲求保險，他們向李嘉誠提出合作意願，但另外又要求他必須提出實力雄厚的公司或其他人的擔保書。

面對這個銷售點遍及歐洲主要市場的批發商，李嘉誠當然不願放過這個機會，但是公司處於草創階段，他實在找不到願意擔保的人。

「只要有一線希望，就要全力爭取！」李嘉誠堅定地告訴自己。

於是，他不再到處找人擔保，因爲他要讓對方知道，他的產品就是保證！

和設計師通宵工作後，公司的團隊終於以誠意與用心，贏得了對方的認同與肯定，最後在沒有任何擔保的情況下，簽下了第一份合約。自此，李嘉誠正式打入歐洲市場，展開更龐大的事業。

「大事本來就是從小事做起，然後自然能一步步邁向理想目標。」

從這句話便足以看見李嘉誠的成功遠景，其中不僅說出了他的處世態度，也清楚點明了他的執著不懈。

從小塑膠廠老闆到商界巨人，從小事開始，一步步累積經驗，李嘉誠這位商界奇才和所有成功人士一樣，都是靠著堅定的意志積極向前邁進。一路走來他們不靠投機，唯有腳踏實地，就算偶爾出現的好運氣，也一樣用實力保住。

人生到處是挫折和考驗，他們的成就沒有我們想像中那麼易得，但也說明了，想成功並不是那麼困難，只要秉持「堅強」與「堅持」的信念，路總會照著我們的計劃，鋪設到既定的目的地。

Part 7

現在就是你開始的最好時機

只要繼續努力，夢想希望一定可以實現。

人生任何時候都是最好的開始，

年齡絕不是退縮的藉口，更不是勇氣降低的理由。

逐步累積，必能抵達目的地

只要我們確定計劃，一步步認真累積前進的步伐，也懂得適時休息，一定能如期走到夢想中的目標。

沒有人理應過貧窮的生活，只要我們整理好自己的心態，只要我們有決心改變，生活就一定能看見改變。

因爲，每個人都能突破眼前的困厄，每個人都能選擇過自己想過的生活，前進的路也許不容易，但是一步一步累積總能達到！

二十六歲時，戴維斯忽然失業，再一次得過著挨餓的生活。在此之前，他曾在利物浦、伯明罕、曼徹斯特等地流浪，當然也嚐盡貧窮與饑餓的滋味，因而身旁的人認爲，他應該能適應眼前的困境。

但事實並非如此，如今身處繁榮的倫敦，失業的情況讓他備感壓力。戴維斯實在不知所措，他自知：「我的能力有限，恐怕很難找到工作吧！」

有一天，戴維斯在大街上碰見一位紳士。曾經在小報社工作過的戴維斯，一眼便認出這人是英國著名的經濟學家恩里克，他的第一份工作便是採訪他。戴維斯看著眼前的偶像，心想：「他應該忘記我了吧！」

沒想到，恩里克看見戴維斯時竟說：「嗨！你叫戴維斯吧？工作忙嗎？」

戴維斯瞪大了眼，旋即想到恩里克的問題，他實在不知道要怎麼回答他，只得含糊道：「嗯，還好。」

「這樣嗎？我就住在第二十八號大街，就是百老匯路轉角的一間旅館，要不要與我同行？」他問戴維斯。

「二十八號大街？離這有點遠耶！」一大早起來到現在已經走了五小時的戴

維斯，早就累得想坐下來，或躺在公園椅的子上休息一下。

「遠？是誰告訴你這裡離我住的旅館很遠呢？其實，只要走過幾條馬路就到了。」恩里克說。

「好，我跟你去，眞的不遠嗎？難道我記錯了？」戴維斯懷疑地問。

「朋友，我沒有說要回旅館吧！我是想到第四十九號街的一家射擊遊樂場走走，那個地方挺不錯的。」恩里克說。

果然如恩里克所說的，他們只走過幾個路口就到了射擊遊樂場。這時，恩里克忽然說：「還是到別的地方吧！」於是兩人起身離開。

接著又對戴維斯說：「現在，只要再過十五個馬路口就到倫敦戲院了。」

戴維斯不解地偏著頭，忽然有種被耍的感覺。不久，他們來到了倫敦戲院，恩里克說：「等一等，我想看看那些買票的觀眾都是些什麼人。」

「走吧！我的困惑已經解決。」幾分鐘之後，恩里克走出來對戴維斯說。

就這樣，他們兩人走走停停，又走過了二十個路口，來到百老匯路口！

這一天，戴維斯所走的路比平時上幾十倍，往常在這個時候，他早已筋疲力

盡，但奇怪的是，走了快一整天，卻一點也不覺得累。

最後，兩人終於走到了旅館，恩里克這時笑著對戴維斯說：「不會很遠吧？走吧！一起去喝杯咖啡，如何？」

戴維斯點了點頭，這時恩里克對戴維斯說：「朋友，今天走過的路，你可要牢記在心中啊！」

「這是生活藝術，也是生活教育，無論你與你的目標距離有多遙遠，請別擔心，一開始你只需要把精神集中在前方八條街口那兒，距離很短，容易接近，然後接著一次前進一點點，千萬別對那個遙遠的未來目標感到困惑，因爲那只會使你煩悶、擔心，甚至是失望啊！」恩里克說。

十年之後，那些他們一同走過的馬路和街景全變了樣，但恩里克說得那個生活哲學，卻一直深深地影響著戴維斯，更無形中幫助著他走過好幾個難關，突破了好幾次生活困境。

有兩句話我們都很熟悉，一是「好像很遠吧」，二是「恐怕很難吧」。

的確，每當有新的課題出現在我們眼前，大多數人心中最常出現的，極少是肯定的語句，反而總是出現一個又一個的問號，時而懷疑自己的解決能力，時而只找藉口推託，但繼續逃避下去，對我們又有何益？

生活是一門藝術，懂得從美麗角度欣賞不同藝術品的人，自然知道怎麼縮短成功的路程，知道選取解決難題的最佳角度。

想著「一百里路」當然遠了，但若是想著先走完「一里路」，壓力自然就減輕許多，目標也變得容易達到。

每件事都要條理分配，每天累積的步伐也要有所規劃，不要要想一步登天的事，也別再逞強執著於一口氣完成的奇蹟，那只會讓自己更容易受挫，更容易失去自信心。

能累積一步是一步，只要目標確定，那個目標就不會遠離我們的視線，接下來，只要我們確定計劃，一步步認真累積前進的步伐，也懂得適時休息，如此，一定能如期走到夢想中的目標。

在人生的道路上，沒有人不帶傷

仔細回想，誰不是經歷了跌倒、疼痛後才展開自己的人生？給自己一個堅強的新容顏，勇敢面對生命中層出不窮的失意、挫折。

走在路上，我們難免會摔跤，因爲長長一條道路並不易鋪平，再加上我們的慌張與不小心，難免會在凹凸不平處跌得渾身是傷。只是，心疼自己身上的傷痕時，我們除了怨天尤人，還有什麼事可以做呢？

當然有了，我們可以要求有關單位把路鋪好，更可以由我們自己親手將那些讓人摔跤的凹洞填平，並再一次叮嚀自己：「走路要看路，凡事謹慎小心，才能走得平順又安穩。」

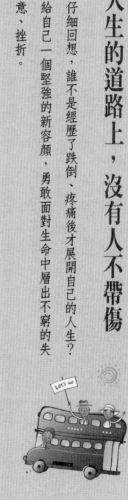

英國勞埃德保險公司曾在拍賣市場上買了一艘破船，這艘船一八九四年下水，在大西洋航行時曾經有一百三十八次撞上冰山的紀錄，還有一百六十六次的觸礁經驗，期間還遇上祝融十三次，並被風暴扭斷桅桿二百零七次。

雖然這艘船遭遇這麼多危險，但是始終都沒有沉沒。

勞埃德保險公司基於它的不可思議經歷，以及在保險方面可以帶來可觀收益，最後決定把它買來捐給國家，現在這艘傷痕累累的船就停泊在英國薩倫港的國家船舶博物館裡。

保險公司的這個捐助動作，後來甚至還影響了一個失意的觀光客，也是因爲這個觀光客，讓船舶博物館裡的船隻從此聲名大噪。

這名觀光客是位律師，當時他剛打輸了一場官司，不久之後他的委託人竟選擇自殺，雖然這不是律師的第一次失敗，也不是他遇到的第一次自殺案例，然而每當遇到這類情況時，他心中總會出現沉重的負擔，甚至是罪惡感。

「唉！我到底該怎麼安慰那些失意人呢？」律師苦惱地想著。

站在薩倫船舶博物館前，律師心中還是充滿煩惱，直到走到那艘歷經各種苦難的「破船」，仔細地看完了船的歷史，突然間眼神爲之一亮，心想：「我應該建議他們來看一看這艘船！」

接著，他把這艘船的歷史抄寫下來，並連同這艘船的照片一塊兒掛在他的律師事務所裡。從此，每當委託人請他辯護，無論輸贏，他都告訴他們：「別氣餒，你們先去看一看這一艘船，之後再回來找我談談吧！」

結果如何？

結果成效非凡，因爲每個人最後的結論都是：「它讓我們知道，在大海中航行的船，沒有一艘是不帶傷的！」

「在大海中航行的船沒有不帶傷的」，把這句充滿深刻體物的話與你我的人生連結，不也可以這麼說：「在人生道路上沒有人不帶傷的！」

其實，仔細回想你我的人生，誰不是經歷了跌倒、疼痛後才展開自己的人生？其中，甚至不乏有人出生之時便經歷了生死關頭，因而從此開啓了與衆不同的人生過程。

重新再站起來並不難，看一看傷痕累累的船身，再對照我們淚水淋漓的臉龐，你是否有新的啓發呢？

韋斯曾經寫道：「挫折決定你的人生是否能在困境的時候發生轉折。」一個不曾遭遇挫折的人，遇到困境的時候，通常會不知所措，但是一個曾經經歷挫折的人，在面對困境的時候，卻會越挫越勇。

因爲，這些曾經遇過挫折的人，懂得將在挫折之中所產生的「抗壓力」，用來做爲克服困境的原動力。

失敗一次，不代表一輩子再也沒有成功的機會。

從現在起，不妨擦乾眼淚，給自己一個堅強的新容顏，勇敢面對生命中層出不窮的失意、挫折。身上的傷總有癒合的時候，在那之後，便是我們靠自己的意志力重生的時刻！

「人和」是經營團隊的第一要件

實力堅強不代表可以目中無人，團隊生活中，最重要的不是辦事能力，而是與人的溝通能力。

團隊合作當然比一個人孤軍奮戰更容易取得勝利，若是人心各異，如何能使團隊發揮成效？

我們不要妄自菲薄，也不能傲視一切，對人始終要謙虛交往、誠意溝通，用自己的積極與肯定帶動別人。希望擁有一個充滿和善與活力的團隊或社會，便得從我們自己跨出這一步。

凱麗是某家化妝品公司的行銷人員，臉蛋長得非常漂亮，口才也很好，因而在部門裡的業績總是遙遙領先其他同事。

雖然在這個部門裡大都是與她年紀相仿的女孩們，但是她卻從來都不與同事們交流往來，總覺得：「那些人的素質和我相差太多了，拉業務時聽她們嗲聲嗲氣的就讓人作嘔，而且她們那樣費力賣弄風騷，業績還不怎麼樣！」

打從心底瞧不起她們的凱麗，暗地裡經常對其他友人這麼說。

不久，她們部門的經理跳槽到另一家公司，公司要重新物色一名經理來接管部門，表現優異的凱麗自然是最熱門的人選之一。

董事們正在開會中，其中一名董事便說：「這幾個人的工作能力肯定沒有問題，不過現在選的是經理，不僅要有好的業績，更要善於與人溝通。經理畢竟是團隊的主管，要有組織大家共同創造的能力，還要是大家都信任而且願意服從的對象。」

於是，董事會決定以民意爲基礎，讓行銷部門的員工自行票選經理，結果是一名最被凱麗看不起的女同事奪得經理位置。

總票數出來時，凱麗十分尷尬，因爲她的票數只有二張，一張當然是她自己投的，至於另一張，後來那個投票的人解釋說：「因爲我有閃光啦，竟然把3看成了8了！」

在這幽默的結局中，我們不難感受到凱麗挫敗之後的羞愧，然而這個恥辱，其實也是她自己造成的。

實力堅強不代表可以目中無人，團隊生活中，最重要的不是辦事能力，而是與人的溝通能力啊！

現實生活中，不少人也和凱麗一樣，常不明白爲何自己能力非凡，卻始終坐不到主管位子。

其實，原因很簡單，這則故事很清楚地告訴我們：「想成為領導人物，最重要的不是你有多少本事，關鍵在於你是否有凝聚人心的能力。」

反觀凱麗，徒有好能力，待人接物時卻總是表現出傲慢的態度，不知道團體合作中最重要的團隊精神，總想獨佔功勞，也經常自以爲自己才是最重要的，不懂與人分享成就，也不知道分工合作，試想，有誰願意與她合作？

肯溝通，明瞭「人和」，才是最佳的領導人才，這應是凱麗最後得到的啓發。那也盼望著能坐上主管位子的人，是否也明白了「人和」的重要呢？

有好的態度才會得到好的機會

不知道謙虛學習的人，對公司來說始終都是一個負擔。若是自恃高，不願與人協商溝通，就很容易犯下錯誤的行為與決定。

找工作不難，難在我們不知道調整好自己的態度去爭取、把握機會。很多時候，我們失去機會的原因，不是因爲人事的現實，而是我們在工作中不自覺的輕忽怠慢與自以爲是的態度。

所以，在質問別人不給機會前，請先問一問自己：「我有什麼本事拿下那個機會？又有什麼資格可以不必經過努力累積便坐上那個高位？」

他是一位擁有博士頭銜的亞裔留學生，畢業後決定留在美國工作。

然而，這頂高學歷的皇冠卻成了他的阻礙，比起一般大學畢業的新鮮人，他的機會卻少上許多。

原因便在於他把皇冠擦得太亮了，還讓它閃耀出刺眼的光芒，無怪乎面試官們一個個都受不了他的「光芒」而拒絕深談。

「又一個不識才的傢伙！」這天，面試又遭到婉拒，這名博士對著朋友氣呼呼地吼叫著。

友人忍不住嘆氣說：「你這樣怎麼找得到工作呢？非高職位不幹，職位稍低，你就說人家看不起你，你可別忘了，你什麼經驗也沒有，有什麼資格向人提出那麼多要求呢？」

「我是博士耶！」這位大博士說。

「博士又怎麼樣？初出社會，誰都是平等的。高位子得要慢慢堆疊上去，你

才能坐得平穩啊！」友人說。

聽完朋友的話，他回到家中想了一夜：「是啊！我一點經驗也沒有，憑什麼提出那麼多要求！先進門，再談其他吧！」

第二天早上他來到職業介紹所再次塡寫個人資料。這一次，關於他的博士學歷，關於他應得的薪資待遇都沒塡寫，因爲他決心要從低處爬起，並要創造讓人眼睛爲之一亮的驚奇！

過沒幾天，他接到通知，總算被錄用了，職位是「文書處理員」。雖然這職位對一個博士來說，根本是大材小用，不過他很清楚這份工作得來不易，況且既然決定給自己一個新的開始，其他的就不再多想。

經一段時間的互動接觸後，老闆慢慢地發現：「這個年輕人能力很好，會不會我看錯了他的資料，把他擺錯位子呢？」

有一天，老闆對他說：「你的能力遠超過了一般高職生啊！」

博士笑了笑，接著亮出他的學士證書，老闆明白地點了點頭，還當場給他一個更適宜這個學位的職位。

然而，又過了幾個月，老闆覺得他比一般的大學生還要能幹，因爲他時常提出許多獨到的見解，這時他再亮出碩士證書，當然職位隨即再次被調升。等到他亮出博士證書時，老闆更破例請他到家中吃飯。在老闆盤問下，他終於說出隱瞞的原由。

第二天一上班，老闆立即當衆宣布他的新職位，「從今天起，他就是本公司的副總經理。」

類似的故事在我們身邊不斷地出現，刻意隱藏學歷的人也越來越多，其中有像故事中主角以低掩高的情況，當然，也不乏以假學歷遮掩低學歷的情形，只是學歷眞有那麼重要嗎？

從故事中，想必聰明的你已經發現問題的重點，機會之所以錯過他，只有一個原因，那便是他的「態度」。現代社會中，不少高學歷的人找不到工作的原因，其實都和故事中的博士一樣，頂著高學歷的光環，事事眼高手低，求職的態度傲慢，因而讓面試官心生不悅，不願讓他們加入。

再試著從公司的角度想想，不知道謙虛學習的人，只會停留在某個層次，對公司來說始終都是一個負擔。無論本事有多好，若是自恃過高，不願與人協商溝通，就很容易犯下錯誤的行爲與決定，最終損失的不只是個人，有些時候還可能會影響一間公司的存亡。

因此，老是找不到工作的人，不妨回頭仔細反省一下自己的求職態度與工作態度是否正確。別忘了，團隊之中沒有人是絕對高高在上的，再有本事的人仍有不足處，只要我們能以謙和的態度面對，懂得尊重與服從上司，自然會得到更多揮發才能的空間與機會。

現在就是你開始的最好時機

只要繼續努力，夢想希望一定可以實現。人生任何時候都是最好的開始，年齡絕不是退縮的藉口，更不是勇氣降低的理由。

作家毛姆曾經寫道：「一經別人打擊，就喪志失意，甚至放棄努力的人，永遠是個失敗者。」

日常生活中，我們最常犯的錯誤，就是拿別人的評價來增添自己的困擾，消耗寶貴的時間和精力，久而久之，不但活在苦惱之中，也使得自己變得越來越缺乏自信。

被人瞧不起的時候，千萬不要對未來感到悲觀和沮喪，反而要更加努力，把眼前的際遇當成是希望來臨之前的曙光。

二十多歲才到美國的海茵絲，只受過六年的基礎教育，因此，無論在表達能力上或是英語會話，都非常糟糕。

一想到自己在美國的競爭實力如此薄弱，海茵絲更加積極學習，她知道年齡不會是學習的阻礙，只要肯用心，一定可以在這個競爭激烈的國度裡走出自己的一片天。

一開始，她找了一份幫傭的工作，從中開始學習基本的會話能力。

五年後，海茵絲的英文能力不僅提升了，銀行裡也有了一筆積蓄，這時她決定將兩個孩子接到美國一同生活，然而，就在她準備回國帶孩子過來之前，卻爲了繳納稅款而耗光了所有積蓄。

在不得已的情況下，海茵絲只好暫時擱置接孩子們到美國的計劃，繼續努力工作，三年後她總算有能力帶孩子過來了。

一直從事傭人工作的海茵絲，從來不因爲自己的工作而感到自卑，反而積極利用閒暇時間學習，其中還包括她夢想的醫學。

當教育程度檢定證書頒下後，海茵絲立即來到當地的大學報名，因爲她希望能早日實現心中的夢想。只是，人生難免會有些阻礙，由於她受教育的情況有限，校方不願意錄取她。

海茵絲了解情況後，只說：「好，我一定會補齊所有證書。」

成功企圖心相當強烈的海茵絲，很快地便拿到A級畢業證，接著便積極地洽詢各地方醫學專業學校，然而，無論她走進哪一間醫學院，每一所學校的答案都是：「對不起，您已經四十歲了，年紀似乎有點大了！」

然而，對海茵絲來說，年齡當然不應該是成功的阻礙，即使沒有人願意幫她，她仍然堅持努力下去。

後來，她終於遇見願意幫她圓夢的人，約翰·霍普金斯大學的主任看了她的成績，也了解她整個奮鬥過程，決定錄取她，並全額補助她的學費，好讓她能安心地學習研究醫學。

人生的最佳時機是在什麼時候？

有人會說越年輕越好，也一定有人會說雙十年華最佳，當然也有人會認爲等年紀大一點後再說，但是不論哪一種看法，目的都是爲了找到人生最好的開始時機，而最終目標也都是爲了能達到成功未來。

只是答案如此分歧，似乎反而更讓人困惑，畢竟分屬不同年齡層的你我，不管選取哪一個答案，還是會遇到不同程度的侷限，那些不只是年齡問題而已，還包括了能力與實力等等的囿限。

這些問題，其實也發生在海茵絲的身上，只是她爲何仍能成功呢？

原因很簡單，因爲面對「人生最佳時機」這個問題時，在海茵絲的心中只有一個答案，那便是「現在」兩個字！

即使是一眨眼便來到四十歲的人生分水嶺，她也從未考慮退縮。爲了讓夢想實現，她一步步地緩慢累積，即使花費了比一般人還多的時間，她也從未悔後過，更從未有過埋怨與放棄的念頭。

因為她知道，只要繼續努力，她的夢想希望一定可以實現。

正是憑藉著這樣無比堅強的決心和毅力，讓已經四十歲的海茵絲，仍能堅定意志繼續向前進。

雖然海茵絲不斷被人們拒絕，但故事中充滿了鬥志與企圖心的她，始終都相信自己一定會成功！

人生任何時候都可以是最好的開始，年齡絕不是退縮的藉口，更不是勇氣降低的理由，只要不選擇閉上眼睛，我們就一定能打開自己人生的窗口，看見成功的未來。

把心中的希望傳送給每一個人

身為師長，除了耐心教導每一個程度不同的孩子之外，更要讓每個孩子相信自己的未來充滿希望，並讓他們知道如何將希望傳送出去。

人跟人之間的互動很玄妙，一顆心是否真誠，他人都能確切體會與明瞭。是敷衍還是用心，是欺瞞還是坦白，一句話、一個眼神便能清楚表示。

想得到人們的敬重與肯定，你的心意要真誠，然後人們便會從你的行事作風中看見你的自信，進而願意聆聽你的請託，回應兩方合作的意願。

今天是威廉正式展開大學教授生活的第一天。他帶著一點不安的心情走進教室，微笑著向學生們問好：「同學們，早安！」

但是打完招呼後，威廉的微笑卻慢慢地變得僵硬，因爲這麼一大班級的學生，竟沒有人回應他一句話，誰也不出聲，有人甚至還自顧自地和其他同學聊天，根本無視他的存在。

這下子可讓這位教育新手慌了手腳，只見他忙亂地翻找準備好的課程資料，然後結結巴巴地講授今日課程。

威廉站在台上感到來有些孤單，台下沒有一個學生專心聽講，讓他十分洩氣。就在此時，威廉注意到第五排有位身著墨綠色小洋裝的女同學，竟端端正正地坐著，而且十分專注地看著他，看來她是唯一專心聆聽他講課的學生。

女孩微笑地看著威廉，讓威廉像似吃了顆定心丸，忍不住對著女孩微微地點了點頭。

這時，那名女同學棕色的眼睛更加明亮了，也精神飽滿地回以溫柔的微笑，這促使威廉慢慢緩和了他的緊張與慌亂，鎮定地繼續講授課程。

每當威廉講到某個地方時，便會看著女同學，只見她總是很認眞地點著頭，偶爾出聲說：「嗯，對！」

然後，便見她埋頭努力地將老師說的話記下，這一切看在威廉眼裡，更讓他慢慢地重拾自信，因爲威廉從她的眼神中得到這麼一個訊息：「老師，我很認眞地聽講，所以請您務必要全心教我喔！」

威廉開始只對著她講課，往日的自信神采與教學熱情漸漸地全都回來了。又過了一會兒，威廉把專注於女孩的眼睛移開，再次望了望教室內其他角落的同學，竟然發現，其他學生也開始認眞聽講了，而且和那名女同學一樣非常努力地做筆記。是哪個女同學幫助他渡過難關？下課後威廉查找上課名單，知道她叫莉亞妮。後來仔細看過她的作業，威廉發現這孩子的創造力讓人驚艷，對於各式各樣的事物都十分敏感，表現出來的談吐和機智也有著優雅與幽默智慧。

不久，威廉要求全班每一位同學都要撥空與他聊一聊，當然他更期待與莉亞妮見面的時刻，他將告訴她：「孩子，因爲有妳，老師才能重新找回信心，未來，請好好發揮妳那體貼他人的心思，因爲它能給人們溫暖和希望。」

女學生的專注眼神不僅使威廉重拾自信，也喚起了他的教學熱忱。從他的轉變過程中我們不難發現，原來人和人之間的互動就是這麼簡單，一個眼神或一個小動作就能強烈影響一個人。

這個影響還讓威廉建立起老師的威嚴，想像著他專注教導女同學時的自信與認眞，我們似乎也感受到教室裡積極且熱情的教學氣氛。

沒有人會拒絕他人給予的熱情，一如威廉積極講課後得到的回應。其實，教育不難，孩子的活潑雖然常讓人傷透腦筋，但只要找到方法，只要我們把熱情傳遞出來，孩子們自然會感受到那份用心，服從我們的教導。

「把希望帶給每一個人吧！」教育的宗旨便在這幾個字，每個孩子的學習能力不同、領悟能力不同，身爲師長，除了耐心教導每一個程度不同的孩子之外，更要讓每個孩子相信自己的未來充滿希望，並讓他們知道如何分享，如何將這個希望傳送出去，進而讓這個社會到處都充滿希望與生氣。

每個意外都是最好的安排

只要我們能勇敢向前，能積極生活，生命中的每個挫折和每個意外插曲，都會是你我人生中的最好安排。

走過從前，然後再回頭看看，不知道你看見了什麼？

人生中，不管流了多少淚水，不管結成了多少傷疤，只要我們走過後還能積極向前，還能展露微笑，那麼，這樣的人生肯定會有個精采的結局。

感謝生命中的那些挫折！

我們害怕的困境與難題，有時正是上天給予的最佳際遇。畢竟，沒有吃過苦頭、沒有面臨難題，我們又怎能了解解決問題時的喜悅，又怎麼會知道，原來跨越過難題之後，再也沒有什麼難題能難倒我們。

在歐洲某個城市裡，人民過著悠閒而快意的生活，這裡地方不大，人口也不多，執政者是一個不喜歡做事的伯爵。

伯爵平時沒有什麼嗜好，除了打獵以外，最常做的事就是和參謀微服出巡，而參謀處理政務之餘，很喜歡研究人生的道理，最常掛在嘴邊的一句話便是：「一切都是最好的安排！」

有一天，伯爵又興高采烈地到野外打獵，威風凜凜地追趕一頭大花豹。「颼」的一聲，利箭不偏不倚地射中花豹的頸部，接著便見花豹應聲倒地不起。射中獵物的伯爵十分開心，眼看花豹躺在地上久久沒有動靜，便急急忙忙奔到花豹身邊檢視，然而就在這個時候，出乎眾人意料之外，花豹竟瞬間躍起，使出最後的力氣猛然朝著伯爵撲去。

千鈞一髮之際，隨從及時趕上，大刀一揮，花豹登時身首異處。伯爵驚險地脫離了豹口只是小指頭被花豹咬掉了一小截。

回城堡以後，伯爵越想越不開心，找來參謀飲酒解愁。參謀笑著說：「伯爵，少了一小塊肉總比少了一條命好！想開一點，一切都是最好的安排。」

伯爵凝視著參謀說：「你眞認爲這一切都是最好的安排嗎？」

參謀說：「沒錯，伯爵大人，如果我們能夠超越一時的得失成敗，這一切確實是最好的安排！」

伯爵說：「如果我要殺了你呢？」

參謀依然微笑著說：「如果你堅持的話，我深信那也是最好的安排。」

伯爵一聽，斥聲說：「好，來人啊！你們馬上把參謀推出去斬了！」

只見侍衛畏畏縮縮地上前架起參謀，將他拉往門外，然而就在這個時候，伯爵忽然後悔，連忙大叫一聲：「慢著，先抓去關起來！」

參謀見狀，笑著說：「嗯，這也是最好的安排！」

過了一個月，伯爵的傷好了，爲了體察民情便獨自出遊。

走著走著，伯爵來到一處偏遠的山林，山上忽然衝下一群臉上塗著紅黃油彩的蠻人，一看見伯爵，便合力把他綁回高山上去。今天正值滿月，原始部落在這天都要下山找一個活人獻祭來祭拜女神。

被五花大綁的伯爵，見狀連忙哀求道：「我是個伯爵啊！你們快放了我，我會賞賜你們金銀財寶的！」

但是，不管他怎麼呼叫，蠻人們始終不理睬他。這時，大祭司出現了，當衆脫光了伯爵的衣服，看著這細皮嫩肉的身體感到非常滿意，因爲今天要祭拜的滿月女神正是「完美」的象徵，祭品必須沒有殘缺或傷疤。

大祭司從頭到腳仔細品評伯爵的身體，不料卻發現，伯爵的左手小指頭竟少了小半截，恨恨地咒罵：「把這個廢物趕走，重新捉一個回來！」

伯爵被釋放後便拔腿狂奔，回城後連忙吩咐：「快把參謀放了！」

「這一切果眞是最好的安排！」伯爵一見剛被釋放的參謀，立即這麼說。

參謀笑著說：「恭喜，您對生活的體驗又更上一層樓了。」

這時，伯爵忽然問參謀：「說我僥倖保住一命，確實可說是『一切都是最好的安排』，可是你無緣無故被關了一個月，這又該怎麼說呢？」

參謀說：「伯爵，您將我關在監獄裡確實也是最好的安排啊！如果我沒有被關在監獄裡，那麼陪伴您出巡的人不是我嗎？當蠻人發現伯爵不適合時，我或許就成了他們獻祭的供品了。所以，很感謝您將我關進監獄裡啊！」

翻開我們的人生日誌，生活中的每一段經歷，雖然有悲有喜、有苦有樂，但回顧前因後果，走至今天，應當沒有人會否定，這一切都是最好的安排吧？

因意外少了截指頭的伯爵，雖然當下氣憤難當，但隨後因此化險爲夷的結果，便是要告訴我們，生活有失便有得，就好像參謀雖然被委屈地關進牢房，但轉念間，卻成了老天護佑他的最好安排。

所以，微笑看待人生吧！

戲劇有高低潮，生活當然也會有成功與失敗的起伏，不然我們的人生劇本怎麼會精采？只要我們能勇敢向前，能積極生活，生命中的每個挫折和每個意外插曲，都會是你我人生中的最好安排。

Part 8

面對問題，才能早日解決問題

越拖越久，不過是讓自己的痛苦加長罷了，
不如現在鼓起勇氣，積極面對問題。
早一日面對問題，就能早一日解決困境。

生活不會只有一個標準答案

生活沒有任何答案是唯一的，一個問題應該配搭二個以上的可能答案，如此，我們才能選擇出最適用於自己的人生方向。

生活一旦出現問題，別急著找到解答，更別急著尋找別人解出的答案，因爲人生沒有哪一條路是唯一可行的。

不要執著相信唯一的標準答案，因爲這些答案並不見得適用於自己，步調別走得太快，試著走慢一點，說不定你很快地便能看見與衆不同的解答，讓自己的人生有更多的可能性。

一九六九年諾貝爾物理學獎的得主蓋爾曼教授，曾經引用過華盛頓大學教授卡蘭德拉的一篇文章，那是關於氣壓計的故事。

蓋爾曼教授引用這篇文章的最主要目的，是爲了向人們解說「唯一標準答案」的疑惑。

故事中，卡蘭德拉教授出了一道題目給學生：「請試著證明，如何用一個氣壓計測量一個高樓的高度。」

題目一出，便有學生立即實驗，其中有位學生將氣壓計拿到高樓屋頂，然後將氣壓計綁在一條細長的繩子上，接著便把氣壓計從樓頂往下垂掉，直到氣壓計垂吊至地面上。

這個方法實在太簡單，太可笑了，於是有人便嘲笑這個學生：「這個笨方法未免太過愚蠢。」

也許有人要問，那麼還有什麼方法呢？

其實，方法還很多，但無論哪一個方法，卡蘭德拉教授都說：「這道題目並沒有唯一的標準答案，因爲解題的方法非常多，無論如何你們都得找出更多元的答案出來。」

對於第一個想出笨方法卻被嘲笑的學生，卡蘭德拉不僅誇他反應迅速，更鼓勵他繼續找出其他解題的方法，沒想到在老師的鼓勵下，這位學生果眞又想出了許多有趣的測量方法和技巧。

蓋爾曼之所以引用這個故事，是爲了讓人們知道：「我的成功方法只有一個，那就是不讓自己侷限在唯一的標準答案中！」

世界上本來就沒有什麼東西是絕對的，但是，爲什麼我們老是只給自己一個標準答案呢？

因爲，我們已經習慣了「一個標準答案」的生活，一旦多給了自己一個方向，許多人就會站在十字路口猶豫徬徨，不知道該選哪一個方向前進。

生活其實也像科學實驗，一如蓋爾曼所強調的：「不要給自己唯一的標準答案，因為那只會讓我們處處受限，甚至看不見新的科學領域。」

成功的道路不也如此？

就像攀爬高峰一般，峰頂雖然只有一個，然而我們在山下卻有許多條路可以選擇，無論我們是跟著前人走過的古道，還是自己發覺新的捷徑，只要最終能達到高峰，每一條路都會是最好的選擇。

生活沒有任何答案是唯一的，一個問題應該配搭幾個可能答案，如此一來，我們才能選擇出最適用於自己的人生方向。

不要讓環境限制自己的人生

只要我們自己不放棄，任何外力也阻擋不了我們的成功企圖，任何困頓的環境都只是鍛鍊我們克服難關的考驗。

活在這個現實的社會，很多時候我們都得設法去洞穿別人的心機和手段，並且把吃過的虧、上過的當視爲成長歷程的養分。

如果，你的生活充滿顛簸，請別皺著眉頭大聲埋怨，也別覺得別人老是瞧不起自己。因爲，這樣充滿磨難和挑戰的日子不是人人可以得到的，若不是老天爺想給你特殊的體悟，你恐怕很難得到這樣的寶貴機會。

所以，就算眼前的生活辛苦一些又何妨？

只要你肯用心體會，便能感悟到老天爺想給予你的人生啓示，和一個可以讓你實現夢想的秘訣。

據說，英國名作家狄更斯有個嗜酒好客的父親，由於父親揮霍無度，讓小狄更斯從十歲開始，便得一肩扛起沉重的家計。

曾經在皮鞋坊當學徒的狄更斯，雖然非常嚮往讀書，然而現實的環境實在不允許他有這個念頭，但好學的狄更斯並不氣餒，不斷告訴自己：「我總算讀過幾年小學，只要我肯努力自修，相信一定能成功的。」

十五歲那年，狄更斯進入了一間律師事務所工作，經常被派任送信工作，幾乎走遍了倫敦的大街小巷。

十六歲那年，他憑藉著實力，成爲倫敦某報館的採訪記者，這裡不僅讓他有機會深入了解人性灰暗與社會黑幕，更讓他鍛鍊出卓越的筆功，從此也開啓了他寫作之路。

扣除採訪與寫稿的時間，其餘時間，狄更斯幾乎都在大英博物館裡唸書充實自己。

也許是看透了世間的炎涼，在從事新聞工作的同時，狄更斯更將所見所聞與心裡感受，充分地表現在他的文學創作之中。

往來於街頭巷尾，人們經常看見狄更斯坐在路邊與一些衣衫襤褸的人聊天，有時則會在工人酒吧裡與人們交談，甚至，他還曾經走進監獄裡與即將行刑的囚犯聊天。

「我必須走入社會，我必須走進人群，我想要了解那些窮苦人家的生活，更想分擔他們的喜怒哀樂。」

正因爲這樣的理念，狄更斯寫了多部巨作，因爲作者的用心體悟與觀察，讓後來的人無論是讀到《雙城記》還是《塊肉餘生記》，無不驚訝於其中的眞切情感與人物寫實，似乎這些苦難與生命仍然活生生地繼續著。

每當看完了一則故事，在你心海裡出現了什麼樣的漣漪？

對於經歷過生活磨難的狄更斯來說，每個人的人生雖然不盡相同，但是生命本質其實有著一點共通點，那就是：「不斷地磨練，不斷地學習。」

從社會大學裡重新開始，這對失去正規教育的狄更斯來說，無疑是他成就人生的最重要方法之一。

其實，對照我們經常讀到的偉人傳記，不難發現那些從小失學的成功者，他們唯一且最好的受教環境，全都來自於「社會大學」。因爲，他們知道，每個人的開始原本就會有所差異，但是每個人最終都要從現實社會中重新開始。

所以，沒有好的成長背景又何妨，只要我們自己不放棄，任何外力也阻擋不了我們的成功企圖，任何困頓的環境都只是鍛鍊我們克服難關的考驗。

你看過《雙城記》嗎？又是否讀過了《塊肉餘生記》呢？

儘管狄更斯寫實地將生命的艱苦血淋淋地呈現出來，但他也沒有忘記告訴人們：「生命再怎麼辛苦，我們也要堅強走過，即使人間充滿悲苦，我們始終都要爭取活下去的機會。」

面對問題，才能早日解決問題

越拖越久，不過是讓自己的痛苦加長罷了，不如現在鼓起勇氣，積極面對問題。早一日面對問題，就能早一日解決困境。

生命不可能沒有創傷，人生不可能都是坦途，應該試著把挫折當成生活的調味料，如此它才可能扮演人生的轉折。

遇到難題時，我們東藏西躲有何用？問題始終存在，最後還不是要從角落走出來，並想辦法解決它？

雖說現在面對與等到明天再面對，不見得有很大的差異，但如果我們現在能面對難題並想辦法解決，我們便能多一天地輕鬆自在！

有個年輕人正值人生巔峰，但是老天爺卻偏偏選在這個時候考驗他，在一次健康檢察後，他發現自己罹患了血癌。

頓時，他的人生像似跌落到了谷底，而且是暗無天日的深谷，看不見希望，也看不見未來。

「我不要治療，我不要……」

親友們和醫生費盡唇舌鼓勵他，希望他能早日接受化學治療，但是年輕人始終心存抗拒將人拒於門外，心想：「我還有希望嗎？沒有了，我的人生已經走到終點，我的生活再也沒有任何意義了！」

年輕人輕生的念頭越來越強烈，對他來說，既然注定要與死神見面，不如早一點和他打交道算了。

一天午後，年輕人從醫院逃了出來，漫無目的地在街上遊蕩，秋風正起，陰鬱的氣候更讓他更感悲傷。

這時，遠方傳來一陣略帶嘶啞卻豪邁的樂器聲，像似在呼喚年輕人接近似的。只見年輕人慢步移動，音樂聲越來越近，年輕人也看見了表演者。

表演的樂手是個雙目失明的老人家，手中正把玩著一件磨得發亮的樂器，此外，他的前方還放了一只杯子，杯中擺了一面鏡子。

「對不起，請問這鏡子是你的嗎？」年輕人好奇地上前詢問，因爲杯裡該放的是錢幣，他正猜想著不知是哪個沒良心的人胡亂擺放。

老人家停下表演，微笑地點了點頭說：「是的，樂器和鏡子是我的兩件寶貝！音樂是世界上最美好的東西，所以我靠著它來自娛自樂，它讓我可以感覺到生活是多麼的美好。」

年輕人似乎也感受到老人家的好心情，不自覺地跟著點了點頭。

「至於鏡子，我只是希望有一天會有奇蹟出現。事實上，我一直都堅信會有那麼一天的，有一天，我將用這面鏡子看見自己的臉，所以我隨時隨地都帶著它！」老人家堅定地說。

年輕人一聽，整個人呆住了，受到了強烈的震撼，心想一個盲眼老人尚且如

此熱愛自己和生活，反觀還年輕、還有希望機會的他卻自動放棄……

突然間他醒悟了，幾乎是以狂奔的速度回到醫院，接著積極地接受治療。雖然每次化療都讓他痛苦萬分，但從那之後，他再也沒有逃跑的念頭了，他堅強地忍受一次次痛苦的化療。

最後，眞的出現奇蹟，年輕人的身體開始好轉，身體也越來越健康。

「面對人生，要有積極樂觀的心，和屹立不倒的強烈信念。」這是故事中的老人和年輕人與我們分享的生命啓發。

所有的勇者傳說故事都說明一件事，勇者走在人生的低谷，甚至走到生命的盡頭時，除了相信奇蹟外，最重要的是他們不放棄生命的執著。

一如故事中的盲樂手，明知杯子裡的鏡子是用不著的，但他始終不願放棄希望，等待奇蹟發生的信念，促使他決定讓生命發光發熱，也堅決要讓生活充滿歡樂的樂音。

看著盲樂手的樂觀、積極，不妨細細反省自己，一點小挫折便呼天喊地，一點小傷口就大聲哭泣，除了突顯自己的膽怯、懦弱之外，哭泣叫喊對我們究竟有多少幫助呢？

天大的問題發生了，選擇逃避根本無用，因爲我們始終都要面對它，一如故事中的年輕人，逃出醫院後，仍得面臨渾身的病痛，那麼，何不現在便面對它，早日把問題解決呢？

別忘了，拖越久，不過是讓自己的痛苦加長罷了，不如現在鼓起勇氣，積極面對問題。畢竟，早一日面對問題，就能早一日解決困境，也能早一日脫離痛苦、享受歡樂。

找到想走的路，好好走下去

人生中所有不利的條件總有克服之時，只要我們有心克服困難；生活中所有的難題總有解決時，只要我們用心解決。

從來沒有人知道，什麼時候才會等到眞正屬於自己的機會，但每一個人都知道，只要認眞前進、執著積極，總有一天，你我的雙腳自然會引導著我們走向夢想的道路上。

找到了目標就好好走下去，不管外在環境有多糟，不管內在實力還差多少，只要我們有決心，這些問題終究能夠克服解決。

在布魯塞羅長大的查理是個非常膽小的男孩，每當人們要他講話時，他總是緊張得口吃。在學校裡，他最害怕被老師叫起來說話，甚至還曾爲此逃學。若是碰到無法逃避的狀況，查理便會轉過身，背著全班同學，這也使同學們經常取笑他是膽小鬼。

十五歲那年，家中經濟出了狀況，他不得不輟學回家幫忙。他在叔叔的店裡幫忙，工作是將顧客們訂的衣服和鞋子送到他們家。認眞工作之餘，查理因爲受母親影響，對歌劇頗感興趣。

他媽媽是位業餘歌手，嗓音極爲優美，每當查理在家裡時，母親都會帶他去見一位聲樂老師。

這位聲樂老師的工作室就在大都會歌劇院，查理打從心底對這位歌唱家充滿敬意，但是他算了算自己的生活費，發現根本無力繳交學費，於是他對媽媽說：

「媽，我沒有錢交學費，還是算了吧！」

還好母親與老師交情匪淺，只見老師爽快地答應：「沒關係，等你拿到獎學金時再給我就好。」

從此，查理每天抱著一大堆鞋盒和衣物出現在那名老師的工作室，一到午餐時間，便見他急急忙忙地將貨物送出，做完事後才又回到教室上課，下課後再急急忙忙地練歌。

查理和媽媽都不敢把學習聲樂這件事告訴父親，因爲他們擔心父親無法理解而加以阻撓。然而，有一天上完課之後，查理回家的時間太晚，父親便問他：「爲什麼這麼晚回家？」

查理不敢說謊，便將聲樂課的事一五一十地告訴父親，父親聽完兒子的解釋，並沒斥責或阻止他，只是叮嚀一句：「下課後，早點回家！」

有一天，查理將貨物送到第五十七街時，正巧看見音樂廳前圍著一群人，他上前了解後，知道是某個單位正招考一名臨時團員。接著，查理竟不自覺地跟著人群前進面試。他選擇唱某一首歌展現實力，沒想到竟得到了這份工作，那時他才十八歲。

有好歌喉但是缺乏實際演唱經驗的查理，面對新挑戰非常緊張，所幸團裡的工作事務繁多，能讓他分散心中緊張感。

合唱隊唱歌的時候，查理會爲他們伴唱，此外他還接下一個青年喜劇演員的助理工作。當他第一次聽到觀衆的掌聲時，查理對自己說：「這是我想走的路，要好好走下去！」

還有一個令查理不敢置信的情況，就是當他上台演唱時，那讓人尷尬不已的口吃毛病竟然完全消失。

從此，只要他一站上舞台，無論是新的舞台還是熟悉的場所，他的自信心便會逐漸增強，原來的膽怯也慢慢消失不見。

查理從中也學習到了：「那些讓人軟弱的不利條件是可以克服掉的！」

勇敢走上台去，然後我們才會知道那到底是不是我們的舞台。不必擔心可能發生窘態，更不必煩惱可能面臨的緊張與口吃，說不定那口吃的小毛病，反而會

成爲獨有的表演特色。

好像查理一樣，如果那天他不給自己排隊參加面試的機會，他永遠也無法戰勝自己，生活也不會出現新的轉機。感謝生命中的那些挫折吧！查理的經歷不正告訴我們：「只有積極投入生活中，用心感受與應對生活中的所有情況，我們才會知道哪一個機會是屬於我們的。」

人生中所有不利的條件總有克服之時，只要我們有心克服困難；生活中所有的難題總有解決時，只要我們用心解決。一如查理的感悟：「只要看見你想走的路，就好好走下去，那些讓人軟弱的不利條件，便很快就能克服。」

每個生命都有獨特的影響力

沒有人不喜歡被鼓勵，因此遇到性格乖張的孩子，我們若不希望他們未來成為社會負擔，就要更有耐心地指導他。

希望從來都是由生命本身賦予的，你給別人一份希望，別人接著將這份希望再分享出去。換句話說，完美世界是靠著你和我一同建造完成的，少一個人的力量都不行。

覺得世界偏斜了嗎？別悲嘆你所看見的，只須正視它，然後要告訴自己：「偏了無妨，因爲我一定能把它糾正好，而且只有我才行！」

有位滿頭白髮的女老師退休後到一個著名的景點旅行。在當地，她聽說有一位叫春樹的男孩在十六歲那年曾投海自殺，所幸被警察發現救起，那年春樹的父母因故雙亡。回顧春樹的童年，不少人只知八卦男孩母親風花雪月的故事，顯少有人同情春樹的遭遇，甚至還有人罵他是個雜種。這位老師聽說後，要求要與春樹見上一面，警察了解老師的來意後，也同意她與男孩談一談。

「孩子！」她說話時，春樹硬是扭過頭去，全然不理會對方。

但是，女老師並不氣餒，依然用十分溫柔且慈祥的語調說：「孩子，你知道嗎？你生來就是要爲這個世界做些事情，而那些事除了你以外，沒人能辦到，你知道嗎？」

女老師反覆說了好幾遍，一會兒，少年忽然回過頭，問道：「妳在對我說嗎？妳指的是像我這樣沒有用的人，一個連父母都沒有的孩子嗎？」

女老師和藹地點了點頭說：「對，但是你不是個沒用的人。孩子，正因爲你沒有父母，所以你能做某些很了不起的事！」

春樹冷笑道：「哼，妳想我會相信妳那一套嗎？請妳用腦袋想一想，一個什麼都不是，什麼都不會的廢物能幹些什麼啊？」

「孩子，有些事眞的就只有你能做。要不然你跟我走，我會讓你看見你自己的本事。」女老師堅定地說。

後來，老師把春樹帶回自己家中，還教他在自家菜園裡工作。儘管兩個人生活清苦，但女老師對春樹呵護備至，生活在這樣溫暖的家中，春樹的性格慢慢地出現轉變，個性也越來越謙恭，脾氣也越來越好了。

這天，女老師拿了一些春樹不知道的蘿蔔種子要他耕種，這其實是一種生長十分迅速的新品種，只要十五天蘿蔔便能發芽生葉。但春樹不知道，這個成果讓他十分得意，對自己的肯定也跟著蘿蔔的成長速度迅速增加。

春樹眞的改變了，臉上也出現了屬於年輕人獨有的青春朝氣。女老師幫助他進高中唸書，不過下課後，春樹仍然堅持要照顧菜園並做其他家事。

高中畢業後，春樹找到一份白天的工作，晚上仍在夜大繼續深造。畢業後，他到一所中學任教，也像女老師那樣對待那些即將參加考試的學生，那顆充滿關懷與溫柔的心可說是與女老師一模一樣，同樣溫暖人心。

「我要用赤誠的心去影響我的學生，因爲我現在已經相信，眞有別人不能，只有我才能做的事了。」有一天，春樹激動地對女老師說。

「孩子，只有眞正了解痛苦滋味的人，才能以同理心盡力爲別人付出。還記得你十六歲時候，其實最需要的就是有人愛你，如果我沒有猜錯，正因爲得不到人愛，所以那時候的你才會尋死吧？」女老師問道。

春樹點了點頭，接著老師又說：「孩子，你現在走出來了，也有了自己的一片天，我知道，你還有顆別人沒有的愛心。現在開始，請好好愛護你自己的學生，有一天你便能從他們臉上看見感激的光采，等你到了我這個年紀，你便會像我一樣驚喜於生命的無限價值。」

「你生來就是要爲這個世界做些事情，而那些事除了你以外沒人能辦到，你知道嗎？」當老師對著春樹說出這句話時，你是否也爲之心動？聽見這句話後，你對自己是否有了不一樣的期勉和自許？

從這個故事，我們再一次明白每個人都需要被鼓勵，在愛的教育中，這也是經常被人們提出討論的方法。正因爲每個人都喜歡被鼓勵，因此遇到性格乖張的孩子，我們若不希望他們未來成爲社會負擔，就要更有耐心地指導他們。一如女老師照顧春樹一樣，沒有激烈的衝突畫面，每一個引導動作都很輕柔，因爲女老師知道：「越是叛逆的孩子，越需要愛。」

女老師用愛感化了一個孩子，也可以說是她的愛爲這個世界救回了一個孩子，當春樹說出自己也要以相同的愛心去影響別人時，正代表他明白了生命的可貴與珍貴，更明白每一個生命都是獨一無二，都是最重要的。

透過這兩個動人的身影，相信你已領悟到了生命的意義，也得出了怎麼珍視自己，怎麼勉勵他人了吧！

尋找不同的切入角度

找機會時，要避開人們習慣走的思路，從另一個角度切入，才能在旁人還搞不清楚狀況的時候，早先強勢地佔有這個市場。

我們都知道一窩蜂的缺點，更清楚一窩蜂跟進後的危機，但是跟著一窩蜂後還是有人贏得勝利，你知道是什麼原因嗎？

答案很簡單，那便是從不同的角度切入。

例如，同樣是甜甜圈，有人可以想出裹了七彩果糖的甜甜圈，有人則將外表與名稱結合，創造出一個個「幸福甜甜圈」。

事物或許是固定的，但人的腦袋卻是活動的，只要我們肯多動點腦筋，說不定下一個創造甜甜圈奇蹟的人就是你。

很多很多年前，有一則小道消息悄悄地在人們口中傳播著。

那年，美國有一條穿越大西洋海底的電報電纜，因爲破損需緊急更換。這時，有位沒沒無聞的珠寶店老闆聽說後，緊急連絡負責單位，請求對方無論如何都要將那條報廢的電纜線賣給他。

沒有人知道這個老闆的用意，眾人只覺得他腦袋一定出了問題，「一條破電纜線還有什麼作用？還花那麼多錢買下，他根本是瘋了！」

老闆不管人們的閒語，靜靜地關起珠寶店的大門，回到家中，耐心且細心地將那條電纜洗淨、弄直，然後再將內線一一分類，並剪成一小段一小段的金屬條。接著他還買了不少手工飾品，然後用那些金屬條將之串起，最後裝飾成一件件精美的紀念物出售。

「這是用大西洋海底電纜線製成的紀念品，非常具有紀念價值！」

老闆打出難得的海底電纜手工藝品，而且是限量發售，廣告一推出，便湧進大批人潮，這個當初人們不屑一顧的廢物，轉眼便成值得收藏的寶物。

就這樣，老闆輕輕鬆鬆地發跡致富，接著他以賺得的錢買下了歐仁皇后的一枚鑽石，那顆淡黃色的鑽石閃爍著稀世的光彩。這時人們又心生疑問了：「他是想自己珍藏，還是想以更高的價格轉手賣出？」

結果，老闆沒有私藏，也沒有哄抬價格出售，只見他不慌不忙地籌備了一個珠寶首飾展覽會，其中最重要的展示品，當然是「皇后之鑽」。

可想而知，人們爲了一睹后之鑽的風采，從世界各地湧進展覽場，讓他毫不費力地賺進一筆又一筆的財富。

故事說到這兒，你一定很好奇這個人是誰吧？

這個聰明老闆便是美國赫赫有名，享有「鑽石大王」美譽的查爾斯·路易斯·第里尼，出生時，他只是個磨坊主人的孩子呢！

一次又一次的商機，在旁人看來實在費猜疑，但是從鑽石大王查爾斯的角度來看，他不過是勇於嘗試各式各樣的機會。

一條廢電纜線該如何重獲新生？從中，他看見了世界僅有、穿越大西洋的電纜線具有的紀念價值，也發現了資源回收再利用的好處，因而讓這一段段廢棄電纜，從人們視如敝屣準備丟棄的東西，轉而成爲最具價值的紀念寶貝。

深諳消費者心理的查爾斯，就這樣推出了令人動心的小東西，一步又一步，以獨到的遠見與生意頭腦，創造了一次又一次的巨大商機。一如後來的那顆鑽石，珠寶與展覽館之間該如何串連？查爾斯再次發揮創意，一樣輕敲群衆的好奇心，因而能製造話題、引領風潮。

看到這裡，覺得生活困頓的你是否也得到啓發了呢？

經商者的觀察要敏銳、思維要寬廣，當別人還未看見商機時，要早人一步發現機會；當衆人都看得見其中關係時，還能看見隱隱其中的其他商機。

找機會時，要避開人們習慣走的思路，從另一個角度切入，才能在旁人還搞不清楚狀況的時候，早先強勢地佔有這個市場。

能忍辱，才能負載更重要的事

只要我們能平心靜氣地修持身心，學會控制自己的情緒，自然不會為小事鬱卒，而能輕鬆快意地享受人生。

許多人都很容易被他人的批評影響，於是，我們經常見到，有些人爲了迎合眾人的目光而委屈自己，另外一些人則爲了捍衛自己而針鋒相對，卻也同時造成了彼此的對立窘態。

對於別人的惡意批評和羞辱，何必感到鬱卒？不妨一笑置之，就像佛陀曾訓誡的：「不要朝空中吐痰，因為逆風將迎面而來，那非但不會傷到對方，反而是自取其辱，傷了自己的尊嚴啊！」

釋迦牟尼佛在世時，曾經有人為了動搖他在信徒心中崇隆的地位而四處造謠，企圖抹黑他的名聲。

不過，佛陀得知後卻始終不予理會。有一天，佛陀在街上碰巧遇到這個專門說他壞話的人，這個人見機不可失，隨即像潑婦罵街一樣連番謾罵。

佛陀並不以為意，只是靜靜聽著，等到那個人罵累了，再也編不出壞話時，佛陀才問他：「朋友，如果有人送給你東西，你不想接受，對於這份禮物你會怎麼處理？」

那個人不加思索地說：「當然是物歸原主呀！」

佛陀點了點頭，笑著對他說：「喔，原來是這樣啊！對不起，剛才聽到你送給我的一些話，我仔細地想了想之後，實在不能接受，不知道是否可以原封不動奉還給你？」

這一問，不只令那個人啞口無言，也讓他登時醒悟自己的謬誤，立刻向佛陀道歉，保證不再胡亂放肆。

相傳在這故事之前，即釋迦牟尼佛誕生前的五百世，據說他曾經被歌利王惡意施以凌遲的酷刑。

有一天，歌利王帶了妃子和宮女們到山中打獵，當時有點疲倦的歌利王打完獵後，便在山上打了瞌睡。

等到他睡醒時，赫然發現身邊的妃子和宮女居然全都不見了，於是立即四處尋找，就在他心急如焚之時，眼前忽然出現了一座山洞，他的妃子和宮女們，居然全部聚集在洞口，聆聽一位僧人說法。

歌利王一看，生氣地指責僧人說：「你居然敢勾引女人？」

僧人淡淡地回答：「我是個無慾望的人。」

歌利王不相信地問：「美色當前，你怎麼可能沒有慾望？」

僧人心平氣和地說：「我在持戒。」

歌利王困惑地問：「什麼叫持戒？」

僧人說：「就是忍辱。」

歌利王一聽到「忍辱」兩個字，冷笑了一聲，忽然把腰間的佩刀一拔，向僧人砍了一刀，問他：「痛不痛？」

僧人說：「不痛。」

歌利王一聽更加生氣，非但沒有停下刀，反而殘忍地將僧人身上的肉一塊塊地割下，之後再問：「你恨我吧？」

沒想到僧人仍然平靜地說：「既然無我，哪來的怨恨？」

當僧人話才說完，忽然狂風大作，天龍八部聚集護法，轉眼間，被分解的僧人忽然完好如初。歌利王一看，害怕得跪了下來，請求僧人饒恕，僧人見他誠意求饒，也立即向天神求赦，天地很快地回復平靜。

歌利王似有所悟，隨即向天發誓，永世向善，而僧人聽見後便對他說：「我若成佛，便先渡你。」

據佛教典籍所說，歌利王就是後五百世釋迦誕生之時的憍陳如。

故事中，佛陀所表現的氣度，與詩人但丁說過的這句話頗爲相近：「走你的路，讓人們去說吧！」

這是「忍辱」，也是「寬宏大量」，從佛陀得道的小故事中，我們看見了修身自制的重要性。

對於造謠者，我們不需要理會，因爲那些無聊的謠言、八卦，對我們並不會有任何損害，畢竟事實勝於雄辯，我們無須在這些小事中打轉，更不該讓情緒受陷其中，因爲眼前的大事，還等著我們去推行和實現。

無論出世還是入世，生命的道理其實是相通的，只要我們能平心靜氣地修持身心，學會控制自己的情緒，自然不會爲小事鬱卒，也不會爲小事暴怒，而能輕鬆快意地享受自己的人生。

Part 9

勇於面對，才能解開心結

生活中沒有解決不了的問題，
人與人之間也沒有必須的敵意與敵對，
特別是面對自己身邊的人。

勇於面對，才能解開心結

生活中沒有解決不了的問題，人與人之間也沒有必須的敵意與敵對，特別是面對自己身邊的人。

作家約翰．凱勒斯告訴我們：「人與人的互相援助精神，把多數人的心靈結合在一起。由於這種可貴的聯繫，我們的生活才會不斷向前躍進。」

互助精神會使我們和別人在思想上，或是在感情上進行正面交流，並且在彼此需要的時候相互伸出援手。

人與人之間哪來的那麼多仇恨？

沒有相識一場，又怎麼會與人結怨？既然人與人都是從「相識相知」開始的，就算後來情誼無法再回到最初相識之時，只要你願意，彼此之間至少也能來個「好聚好散」。

迪克森的祖母在年輕時曾有個宿敵，她是威爾斯太太。

兩個女人之間的敵對是怎麼開始的，大家都已經忘了，不過小迪克森卻清楚記得，小時候經常目睹的「戰鬥」過程。

像是威爾斯太太幫助侄女當選圖書館管理員，導致迪克森的姑姑落選後，迪克森的祖母便停止借閱圖書館的圖書。

還有一次，迪克森和幾個朋友們把一隻蛇放進威爾斯家的水桶中，祖母看見時只是象徵性地反對一下，卻不阻止孩子們的行動，任由他們惡作劇，甚至在她的臉上還出現了高興的神情。

迪克森這麼做，威爾斯太太的孫子們當然也會如法炮製，他們就曾經在天氣晴朗的時候，趁迪克森家晾完衣服後，把全部床單和衣物弄髒，讓迪克森的媽媽重新洗過。

迪克森不禁回想：「當時，我經常想，面對威爾斯家這些騷擾和敵意，祖母怎樣忍受得住？」

後來他才知道，祖母在《波士頓報》上的一個家庭版，結識了一位化名爲海歐的筆友，她倆保持了二十五年的通信聯繫，迪克森的祖母把這位筆友視爲親姐妹一樣，不管心中有什麼話，都告訴了海歐，而海歐也會回信安慰她，並教導她如何把心放開。

在迪克森十六歲那年，威爾斯太太不幸病逝，依當地風俗，住在同一個小鎮上的居民，不管對這位隔壁鄰居有多憎惡，面對死亡，大家還是會自發地幫助死者家屬，這其中當然也包括迪克森的祖母。

這天，祖母穿了一件乾淨的圍裙出現在威爾斯家，表明她想要幫忙的誠意，於是威爾斯家的女兒便請她幫忙打掃前廳，以備葬禮時使用。

就在此時，迪克森太太發現桌子上有一本剪貼簿，而在剪貼簿裡，她看見了她寫給「海歐」的信和「海歐」準備寫給她的回信。

忽然間，迪克森的祖母放聲大哭，她這時才知道，生活中的死對頭居然是她最重要的心靈之友！

那是迪克森唯一一次看到祖母放聲大哭，後來他才明白奶奶的「哭泣」：「她哭泣是因爲，友好的時光再也補不回來了。」

我們經常笑說夫妻關係是「冤家聚首」，總是要吵鬧過後才能讓感情更進一步，一般情誼又未嘗不是如此？

事實上，我們也時常見到兄弟姊妹之間，或親朋好友之間，大吵一架之後，終於誤會冰釋，感情也比從前更好。

是冤家還是朋友，就看我們怎麼看待，怎麼溝通。沒有人能眞正地如膠似漆，即使是恩愛夫妻也會有小爭執，只是在爭執發生的時候，他們不冷戰，不逃避，而是選擇面對和溝通。通常，只要放下手上的雜事，找出解決問題的方法，就能打開兩個人心中的結。

那麼，人與人之間的友情是不是也應該如此？

看著迪克森老奶奶的遺憾，在你心中是否也有著同樣的擔憂，擔心有一天也會發生相同的「遺憾」呢？

假使不希望人生有任何遺憾，那麼就快點敞開心溝通吧！

生活中沒有解決不了的問題，人與人之間也沒有必須的敵意與敵對，特別是面對自己身邊的人，因爲，即使彼此是「冤家相聚」，也要兩人結緣了千百年，才能在人世再次相逢啊！

不如意，就要適時鼓勵自己

我們何不多給人們一些鼓勵，讓他們有更積極的生活情緒，快樂地享受人生呢？同時也給自己多一點積極的力量吧！

作家哈伯特曾經如此寫道：「那些習慣為了小事而自尋煩惱的人，永遠不愁自己會找不著煩惱。」

確實，我們經常看到愚蠢的人，總會因爲別人冷淡或否定的話語而患得患失，最後逼著自己不斷爲小事鬱卒。

沒有人喜歡聽見否定的聲音，也沒有人應該被「否定」給打倒，只要你很清楚自己的實力與需要，就能給自己多一些希望，多一些積極的力量。

一如往常地，阿里又準備出去慢跑了，對他來說，早上能抽出時間跑步，是件非常重要的事。

但是，今天出門前母親卻對他說：「我認爲跑步對身體沒什麼好處，聽說那個著名的長跑健將已經死了。」

阿里原本想反駁母親的看法，不過轉念間，他想：「算了，她不明白我的情況，何必和她爭辯呢？」

但是，當阿里開始小跑步時，卻發現，母親的那番話居然不知不覺地影響了他。阿里想：「我可能會在路上像父親一樣心臟病發，當初他也是毫無預警地走了，而且每個人都認爲他比我健康、強壯啊！」

當小跑步變成了走路，阿里的心情被母親的否定話語給擊倒了。已經是年近半百的阿里，其實很清楚自己的需要，他仍然很希望能聽見母親的一句鼓勵，即使只是一句簡單的「跑得不錯」也好。

當阿里準備轉身回家，又看見那位每天早上都會遇見的華裔老先生。阿里每天早上遇見他時，都會精神抖擻地朝著他喊：「早上好！」而這位老先生也會微笑地點了點頭。

今天，老先生再次出現在阿里的前面，還站在他回去的跑道上，讓他不得不停下來。阿里有點生氣，因爲母親的否定，破壞了今天晨跑的情緒，現在又遇見這個人擋住了自己的路。

忽然，老先生指著他的T恤，這是朋友在中國春節時送給他的，正面有三個漢字，背面則是中國城風景。只見老先生用彆腳的英語，指著T恤上的漢字興奮地說：「你會說嗎？」

阿里搖了搖頭，並解釋那件T恤是朋友送的禮物，不過，英文程度不好的老先生似乎沒有全部聽懂。但他卻很開心地對阿里說：「我每次遇見你，都覺得你很棒、很快樂。」

阿里一聽，心中似乎又喚起了希望，雙腳也突然間有種無法解釋的力量，轉過身，又繼續跑了六英哩多。

抬頭看著早晨的天空，阿里的心中泛起了一陣激動，雀躍地想著：「我眞的很滿足，很快樂，很棒！」

就這樣，阿里繼續他的慢跑之路，也參加了不少馬拉松大賽。雖然他沒有拿到任何獎盃，但是在他心裡永遠有一個支持的力量，就是那位老先生的話：「你的確很棒，很快樂。」

看到阿里因爲母親的話而沮喪之時，一定有很多人很想給他一些肯定，鼓勵他繼續前進。

之所以如此，是因爲我們都希望被肯定，更期待人們的讚美和鼓勵，只要能得到一點點支持的力量，我們的生活就會充滿快樂和希望。

相同的道理，遇到別人不如意的時候，我們何不多給人們一些鼓勵，讓他們有更積極的生活情緒，快樂地享受人生呢？

別爲小事鬱卒，同時也給自己多一點積極的力量吧！

無論如何，你的雙腳就在你的身上，未來的路不管是用跑的還是用跳的，決定權都在你的手中。

如果你無緣遇見肯定你的「華裔老先生」，那麼，能夠給你積極生命力量的，只有你自己了。無論遭遇什麼煩惱，都要不斷地鼓勵自己：「你的確很棒，很快樂。」

因爲，這個支持力量會轉化爲你的內在動力，成爲積極地肯定自己，並且不斷超越自己的無限能量。

互相尊重是維護自尊的最好方法

每個人都需要被尊重，包括還不懂事的小朋友，每個人都需要自尊，包括還在學習成長的小朋友。

有人很容易因爲人們的嘲笑而自卑退縮，甚至放棄自己。

但是，他們卻不知道，人們的嘲諷很多時候是出自無知，或是爲了掩飾自己的不足。只要我們多一點自信，往前大跨一步，自然能封住他們的口，並讓他們躲到無人看見的角落。

生長在三〇年代初期的保羅，家庭狀況和多數人一樣貧困。當時，孩子們通常早早就出去打工，幫忙維持家計，保羅在這個大家庭中年紀最小，所以他的衣服都是兄長們傳下來的，就像鞋子一樣，只要腳拇趾沒有曝露，不管鞋底磨損到什麼程度，孩子們就得繼續傳承，直到破得無法縫補爲止。

感恩節的前一天，保羅家收到了一箱外出工作的姐姐寄來的東西，心急的保羅連忙打開箱子，卻只看見一雙姐姐的鞋子，靜靜地躺在其中。這時，母親看了看保羅腳上的破鞋，便拿出這雙鞋遞給他。

但是，保羅說什麼也不肯接手，哭著連連搖頭：「那是女生的鞋子，我才不要穿。」

家人們心疼地看著保羅，母親對著保羅說：「孩子，媽咪對不起你，但是，我們家眞的沒有別的鞋了，冬天就快到了，如果你不穿上它，腳趾頭會凍傷的。」

父親也走過來，拍了拍保羅的頭，但是什麼話也沒說，而最疼愛保羅的哥哥也摸了摸弟弟的頭說：「放心，一切會好起來的。」

保羅脫下腳上的舊鞋，雙腳輕輕地放入了這雙褐色、尖頭的新二手鞋中，站起來，發現跟部高了點，但是穿起來還挺舒服的。

第二天，保羅有點勉強地穿著「新鞋」上學去，當他到達學校時，奧圖爾正巧站在那裡，他是保羅的「敵人」。

忽然，奧圖爾大喊一聲：「你們看，保羅穿女鞋耶！」

保羅羞愧得想往教室的方向奔去，然而奧圖爾卻一把捉住了他，並吆喝大家來圍觀。這時，校長突然出現，大喊了一聲：「快進教室！」

保羅趁機擺脫了奧圖爾，跑進了教室，但是，奧圖爾卻沒有就此罷手，每節下課時間，都會走到保羅的身邊嘲笑他。

中午前，校長又走進來訓話了，他邊走邊說，突然，他停在保羅的身邊，不再說話。保羅抬起頭看著他，沒想到校長正盯著姐姐的鞋，保羅滿臉漲紅地把腳縮了進去，然而就在保羅縮腳時，校長卻說：「那是牛仔鞋！」

保羅不解地看著校長，只見校長又說了一遍：「我在西部住過，這是牛仔鞋沒錯，孩子，你怎麼得到這雙牛仔鞋的？」

孩子們聽見是傳聞中的西部牛仔鞋，個個都擠到保羅的身邊，好奇地想看看什麼是「牛仔鞋」？不一會兒，教室裡充滿了驚嘆聲：「哇！保羅居然有一雙眞正的牛仔鞋耶！」

從羞愧到驕傲，保羅的臉上的笑容頓時展開。

只見校長笑著說：「這是我見過最漂亮的牛仔鞋，保羅，如果你願意的話，讓同伴們好好地見識一下這雙牛仔鞋吧！」

保羅點點頭，孩子們立即排成一列，等待著試穿「牛仔鞋」，其中也包括曾經嘲笑過這雙鞋的奧圖爾。接下來，每當有人又想試穿的時候，保羅總是得意地說：「我得考慮一下。」

看著保羅由原先的「畏縮」轉變爲後來的「驕傲」，我們也看見了「尊重」與「自尊」的重要性。

其實，校長很清楚，只要給保羅腳上的那雙鞋子一個新身份，這個孩子便能換回尊重與自信，那麼讓鞋子換一個不屬於它的新名字，又何妨呢？

在生活當中，你是否也曾經適時扮演過「奧圖爾」？是否也像保羅一樣，受過相同的傷害？

每個人都需要被尊重，包括還不懂事的小朋友；每個人都需要自尊，包括還在學習成長的小朋友。沒有人不希望得到尊重，就像故事中的保羅與其他小朋友，我們可以相信，其實校長最希望看見的是，孩子們能夠自發地相互尊重，並付出友愛的關懷。

退一步，幸福的空間更寬廣

對人多一點包容絕對有益無害，因為我們每退一步，對方接納與包容我們的心就會更進一步。

莎士比亞曾經寫道：「為了一件小事爭執不休，往往會使這件小事顯得格外重大，甚至會讓你惱羞成怒。」

想要抑制惱怒，就必須擁有一顆寬容的心，當你懂得適時退讓，就不會動輒爲了芝麻小事而鬱卒。

退讓，才是解決爭端的最好方法，所以別那麼堅持己見，大家各退一步，讓彼此多一點包容的空間，我們才看得見幸福的天空。

泰德對一位老同事抱怨說：「我老婆最近脾氣好暴躁喔！老是爲了一些小事情發脾氣，還經常莫名其妙地罵孩子，她以前不會這樣的。」

同事聽完後，便問：「你們最近有沒有吵架？」

泰德想了想，說：「嗯！好像有，我們之前爲了裝修房間的事大吵一架，因爲，妻子比較沒有色彩概念，所以我希望用我選的顏色，但是她卻堅持要用另一種顏色，說什麼都不肯讓步。爲了美感，我當然也不能讓步，因爲她對顏色的判斷力眞的很差！」

同事聽到這裡總算找出原因，於是他又問：「那我問你，如果她今天說，你的辦公室佈置得很差，要幫你重新佈置，你會怎樣？」

泰德立即說：「當然不行了，這是我的房間，怎麼能讓她決定？」

同事安撫著他：「這不就對了嗎？你的辦公室是你的權力範圍，而家裡的一切多數是屬於她的權力範圍，如果要按照你的想法去佈置廚房，她的反應必定和你現在一樣。」

同事拍了拍他的肩膀說：「只要有兩個人以上的討論空間，那麼任何人都有否決權，不是嗎？」

泰德聽了同事的話，恍然大悟地說：「也對！」

回到家中，泰德立即對妻子說：「妳喜歡怎麼佈置房間就怎麼佈置吧！這是妳應有的權力，只要這個家舒服就好，是吧！」

妻子忽然聽見泰德這麼說，有點難以置信，吃驚地看著他，於是泰德老實地說出同事的分析，並向老婆說抱歉。

就這樣，房間裡的色彩在夫妻倆的討論下，有了最好的結果，最重要的是，這個家終於又重回和樂的氣氛。

人們總是喜歡爲了小事爭執，爲小事鬱卒，不是嗎？

在這個本位主義高張的時代，人們很容易起爭執，因爲每個人都以個人爲主軸，總是認爲自己才是最好、最正確的，所以，我們經常看見各持己見的兩個人，站在獨木橋的中間互不退讓，結果以兩敗俱傷收場。

只是「退一步」，眞的有那麼難嗎？

其實，不只是夫妻之間的相處，我們日常生活中的待人處事更應當如此，對周遭的人多一點包容絕對有益無害，因爲我們每退一步，對方接納與包容我們的心就會更進一步。

互相幫忙就能找到正確的方向

試著問問別人的意見或換個方向思考，你自然能解開心中的結，即使得一刀剪斷，重新開始，那也會是一個最好的開始。

迷失方向的人，最期待的就是有人能及時伸出援手，帶領自己走出迷宮，幫助自己找到正確的人生方向。

然而，這樣幸運的經歷，並不易見，所以不妨主動開口請求支援，並換個方向看，這樣就看見生活的出口了。

適時尋求別人的幫忙，會讓我們更容易找到正確方向，相對的，如果每個人都能夠用愛心對待周圍的人，這個世界一定會變得更美好。

羅莎老夫人雖然雙眼失明，但是在生活上她堅持要靠自己，絕不依賴他人。每天黃昏時分，她都會獨自外出散步，認爲這樣不僅能鍛鍊身體，還能呼吸到新鮮空氣，強健體魄。

沿著熟悉的途徑，她利用手杖觸摸四周的物體，讓自己熟悉這些事物的位置，她的辨識能力極強，從未迷路過。

但是，生活中難免會有一些改變和意外狀況，這天她再次出門散步，走到某條必經的小路時，手杖卻觸碰不到熟悉的松樹。

原來，人們已經砍倒了一排她散步時必經的松樹。

失去觸碰式的「指標」，羅莎有點亂了方寸，心想：「怎麼不一樣了呢？這下子可麻煩了。」

她停下了腳步，呼叫著：「有沒有人啊？」

但是，停了幾分鐘，四下仍然安靜無聲，完全沒有人走動的聲音。於是，她又往前走了一兩公里，就在這個時候，她聽見腳底的水流聲。

羅莎驚叫了一聲：「啊！有水？」

她再次停下了腳步，煩惱地猜想：「我恐怕迷路了！我現在一定站在橋面上，底下一定是穿越本郡的運河，這下可糟了，我從來沒來過這裡，要怎樣才能走回家呢？」

突然，在她身後傳來一個男子的問候聲：「太太，您需要幫忙嗎？」

羅莎一聽見身邊有人，立即鬆了一口氣，感激地說：「感謝您啊！好心的人，我傍晚散步時迷路了，因爲在我熟悉的路上有一排樹不見了，害我找不到回家的路，還好遇見了您，要不然我眞不知道要怎麼辦，可以請您帶我回家嗎？」

男子爽朗地回答：「沒問題，請問，您住哪兒？」

羅莎太太把地址告訴了他，也順利地回到了家。

好客的羅莎熱情地邀請恩人進屋，想以咖啡和糕點表示謝意。

但是，這個男子卻說：「別謝我，因爲該感謝的人是我。」

羅莎吃驚地問：「你？怎麼會是你呢？」

男子平靜地說：「其實在我遇您之前，我已經在那座橋上站了很久很久。我本來要跳河自殺的，但是，當我看見您需要幫助時，忽然又不想死了，因爲我想到一些未完成的事，我不能就這樣放棄。」

羅莎聽了，開心地笑著說：「是嗎？那你也不必謝我，不如我們一起感謝上帝的巧妙安排吧！」

兩個同時「迷失方向」的人，巧合地相遇，也巧合地幫助彼此找到了繼續前進的方向。曾失去方向的你，是不是很羨慕這樣的巧遇與醒悟呢？那麼要怎樣才能有這些巧遇和自救呢？

故事中藏了一個提醒：「自己的生活要靠自己爭取，即使能力不足，也別急著退縮，因為在每個人的身邊，都會有一個能與你相輔相成，願意伸手支援你的人，只要你願意開口、尋找。」

用微笑代替煩惱，此刻的你，如果心中正纏了一個解不開的結，何不開口請

身邊的人幫忙？

生活上沒有解決不了的問題，面對大大小小的煩惱，和不同難易程度的麻煩，即使被打了個死結，我們也千萬別糾結其中。

試著問問別人的意見或換個方向思考，你自然能解開心中的結，即使情非得已，必須一刀剪斷，重新開始，那也會是一個最好的開始。因爲，在這個結上，你已找到了自己的方向。

好運總有一天會出現

抗壓力越來越弱的現代人，你是否願意重新給自己一個機會，接受這些叮嚀和鼓勵，繼續堅持，不再輕易放棄呢？

挑戰，通常充滿了難以預料的變化和未知數，所以不是每個人都敢讓自己處於隨時面臨挑戰的環境。但是，大多數人都忘了，其實真正的成功，卻總是存在於這些變化和未知裡。

想要迎接挑戰、克服困難，首先就得要不在乎別人的懷疑和嘲笑，並且相信自己所做的是最好的選擇。

人生隨時都會有新的開始，每一個新開始也都像嬰孩學步一樣，第一步都會跌倒，即使順利地走了兩步路，也還是會有跌倒的時候。

但是，如果跌倒後就不願再站起來，繼續試著邁出自己的步伐，我們現在又怎能「健步如飛」？

每當皮爾失意時，母親都會對他說：「不要爲了眼前的不如意沮喪，只要你能堅持下去，好運總有一天會出現。而且你也將發現，如果沒有這些失望的經驗，你永遠也不會知道什麼是好運，不是嗎？」

母親的這番話，直到大學畢業後，他才有切身體驗。

當時，他決定到電台找份工作，希望能成爲一名專業的體育播音員。畢業典禮後的第二天，他就走遍芝加哥的每一間電台的大門，但是一天下來，碰了一鼻子的灰。

到了傍晚，他走進了一間播音室，裡面有位和氣的女士告訴他：「你的資歷太淺了，大電台是不會僱用新手的，我想，你不妨多找幾家小電台，機會或許比較多一些。」

皮爾說了聲謝謝，便搭便車回到了迪克遜，這裡雖然沒有電台，但是皮爾的父親告訴他：「蒙哥馬利．沃德公司在這裡開了一家商店，正需要一名當地的運動員去經營他的體育專櫃。」

於是，皮爾以大學時的橄欖球隊經驗，希望能應徵進入這間體育用品公司工作。但是，幸運之神似乎仍未出現，他再次失敗了。

看到情緒低落的皮爾，滿臉失望的神情，母親再次鼓勵兒子：「放心，只要繼續努力，機會一定會出現。」

於是，他又借了父親的車，來到七十英哩外的一家電台。

這家電台的節目部主任名叫彼特．麥克阿瑟，他親切地對皮爾說：「對不起，我們已經找到播音員了！」

皮爾一聽，不禁大失所望，嘆了口氣說：「不能在電台工作，我又怎能成爲體育播報員呢？」

誰知，皮爾走來到電梯時，彼特．麥克阿瑟突然又走了過來，問他：「你剛才說，你曾經是橄欖球員嗎？」

皮爾點了點頭，接著彼特·麥克阿瑟讓皮爾站在一架麥克風前，請他憑想像，播報一場橄欖球賽。

皮爾想起了前年的秋天的一場比賽，他用最後二十秒的時間，以一個六十五碼的猛衝擊敗對手的精采戰況。

用親身經歷進行的試播自然精采萬分，試播之後，皮爾馬上被告知：「星期六要轉播的那場比賽，就看你囉！」

在回家的路上，皮爾不禁想起了母親常說的話：「堅持下去，好運一定會到來。」

有句西方諺語：「堅忍是成功的要素，只要你在門上敲得夠久夠大聲，一定能把人們喚醒。」

這個道理就像皮爾的母親經常對他說的：「只要你能夠堅持下去，好運總有一天會出現！」

抗壓力越來越弱的現代人，你是否願意重新給自己一個機會，接受這些叮嚀和鼓勵，繼續堅持，不再輕易放棄呢？

「跌倒了再站起來」，不是老生常談，而是連接我們成功目標的重要紅線，只要我們能不斷地再站起來，我們便一定能體會這個簡單的道理：「堅持下去，你就會遇見好運！」

掌控自己的命運，就不會厄運纏身

沒有人可以逼你放棄希望，即使狂風暴雨也不能吹熄你的夢想，因為真正能掌控我們的人，只有我們自己。

如果，你經常爲了小事鬱卒，在你的腦海中只有不幸的念頭，那麼在你的現實生活中必定會是不幸的。

因爲，你的生活腳步會跟著心的方向前進，朝著「不幸」的方向走去，這不是什麼神奇巫術，而是心理學上常說的「自我暗示」。

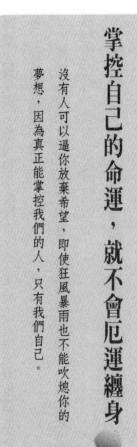

博格在二十五歲，事業到達巔峰那年，正準備迎娶美嬌娘。

然而，就在這時，厄運找上了他。

那天，他和一位朋友開著車，要到未婚妻家談論婚禮的事，由於路途遙遠，博格開了八個小時之後，發覺自己精力似乎不太行了，於是請朋友來駕駛，豈料從此改寫博格的命運。

開夜車實在是件很辛苦的事，除了視線不佳之外，體力也是一大考驗。一個半小時之後，朋友就因打瞌睡，伏在方向盤上睡著了，失去掌舵的方向盤，就這樣連人帶車朝山壁撞去，車子停下來時，博格已經不醒人事了。

當他醒來時，醫生宣佈他半身癱瘓，於是博格新的生活便在這種情況下重新寫過。醫生說，他再也不能開車了，生活上也得完全依靠他人，甚至還有人建議他，別再提結婚的事了。

博格心中非常害怕，害怕醫生的話將變成事實，躺在床上想：「我的希望和夢想還在嗎？我還能從頭開始嗎？」

博格閉上了雙眼，害怕看見眼前的世界會是一片黑暗。

這時，母親來到他身邊說：「孩子，一切都會過去，然後你會發現，你的生活將比過去更精采。」

博格深深地思考母親的話，忽然感覺到希望和熱誠的光芒正環抱著他，因此下定決心：「我不能就這麼放棄！」

從那天起，博格努力地做復健，慢慢地可以走動，也可以開車了。

一年後，博格沒有像醫生預期的癱瘓在床上，完全靠自己的力量打理生活，絕不假手於他人，不久美嬌娘也娶進門了。博格後來擁有一家公司，也成爲一名專業的評論家，還寫了一本《奇蹟如此發生》的暢銷書。

爲什麼博格能完成種種不可思議的奇蹟？

因爲，他只記得母親的鼓勵話語，並拒絕了醫生和其他人的喪氣話。

如果博格當初選擇了醫生和朋友們的喪氣話，拒絕了母親的鼓勵，相信眞的要一輩子躺在床上，靠別人生活了。

還好，博格並沒有那樣選擇，他聽信了母親的話，也選擇了自己想要的夢想人生，積極地改寫自己的命運，不讓厄運纏身，因爲他清楚地知道：「未來就在我手中，我必須靠自己力量再站起來。」

看著博格的積極態度，還在埋怨天不從人願的你，何不用微笑代替煩惱，讓夢想再次走進你的心田，讓陽光繼續照耀你的希望種籽呢？

沒有人可以逼你放棄希望，即使狂風暴雨也不能吹熄你的夢想，因爲眞正能掌控我們的人，只有我們自己，只要我們不放棄，就沒有人能帶走我們的希望，也沒有人能奪走屬於我們的機會！

實踐，就能達成志願

別再讓自己，純羨慕，別人成功實現夢想，人類都已經準備在火星上尋找新的桃花源地了，我們還有什麼夢想不能實現呢？

你還記得小時候寫下的第一志願嗎？

如今，你是否實現了當初的夢想？

或許有人早已放棄，或許有人正在努力實現，然而不管有沒有實現，當你完成「夢想」的藍圖之後，必須清楚地知道一件事：「關於夢想，沒有人能逼我們放棄，也沒有人能阻礙我們實現的決心，因為，能不能實現和外在環境無關，全看我們自己！」

當你在規劃人生的藍圖時，不要在意別人脫口而出的批評，這些輕蔑和刻薄的話語，通常是毫無根據的。只要掌握自己的人生方向，明確定出自己的奮鬥目標，就沒有什麼難堪的話語會讓你將時間浪費在鬱卒上。

蒙提有座非常大的牧場，經常借給朋友們舉辦募款活動。

今天，牧場又有一場活動要舉辦了，這次主辦的友人力邀蒙提前來致詞，蒙提也開心地答應了。當蒙提站到講台上時，清了清嗓子，接著說：「今天我讓傑克借用這個牧場是有原因的，這和一個小男孩有關。」

蒙提擔心自己會說得太久，便看了看主辦人傑克，只見傑克站起來說：「我們就來聽聽牧場主人的故事吧！」

一陣掌聲響起，大家熱情地等待聆聽蒙提的故事。

蒙提說：「那個男孩的父親是位馬術師，從小他便跟著父親東奔西跑，一會兒在馬廄餵養馬兒，一會兒在牧場訓練馬匹。由於過著四處奔波的生活，男孩的

求學過程並不是很順利。初中時，有位老師要全班同學寫一篇文章，題目是《我的志願》。」

蒙提停了下來，喝了口水，繼續說：「那天晚上，小男孩洋洋灑灑地寫了七張紙，仔細地描述著偉大的夢想，他想要建造一座屬於自己的牧馬場，他還認眞地畫了一張二百畝的農場設計圖，上面標示著馬廄、跑道……等等，最後，他還在這一片農場的中央，設計了一棟四千平方英尺的大宅院。他花了一整個晚上才完成這篇『作文』，第二天便開開心心地交給老師。然而，兩天之後，當他拿到作文時，看見第一頁被打了一個大『F』，旁邊還寫了一行字：『下課後來找老師。』當時，滿腦子相信夢想可以實現的小男孩，困惑地帶著作文本去找老師。」

蒙提看著一對對專注的眼神，忍不住停了一下，並製造一下氣氛。

蒙提問：「你們一定也很好奇吧！」

台下的聽衆很有默契地點了點頭，蒙提笑著說：「是啊，小男孩也不懂，所以他進辦公室便問老師：『這樣爲什麼會不及格？』老師回答：『你年紀這麼輕，就老是做白日夢，這怎麼行？你想一想，你家裡沒錢，又沒家庭背景，幾乎什麼好條件都沒有，怎麼可能蓋一座那麼大的農場？你知道那要花多少錢買地、買馬嗎？別好高鶩遠啊，孩子！』老師接著說：『如果你肯重寫過，寫一個別太離譜的志向，我會重新再幫你打分數。』小男孩回家後，反覆地想了好久，最後忍不住向父親說出心中的疑問，他的父親只對他說：『孩子，這是一個非常重要的決定，你必須自己拿定主意。』於是，小男孩再三考慮之後，決定要原稿交回，而且一個字也不改，交稿時他說：『即使是零分，我也不會放棄自己的夢想！』」

說完，蒙提便拿出一份稿子，對聽眾們說：「這就是初中時那份的作文，至今我仍然好好地保存著，而各位現在就坐在稿子中的二百畝農場上，那個四千平方英呎面積的華宅裡。」

蒙提看了台下的人，微笑著說：「去年夏天，故事中的老師帶了三十位學生來我的農場露營，離開前他說：『蒙提，我實在有些慚愧，初中時我曾經潑過你冷水，還好你有這份毅力，堅持實現自己的夢想，否則我便成了抹煞夢想的殺手，從今天起，我會給孩子更寬廣的視野與更熱情的支持。』我相信，未來將有更多的夢想農場出現，你們說是不是呢？」

看到蒙提實現夢想，你心中的夢想翅膀是否也蠢蠢欲動？

每個人的心中都有一座夢想花園，然而這片花園能否結出美麗的花朵和累累的果實，有沒有辦法從腦海中的虛擬幻境，變成眞實存在的場景，端看造夢者如何去追夢了。

想實現夢想的人，很少會被外在環境侷限，當然也不會被年齡囿限，因爲對他們來說，人生不該有任何遺漏與遺憾，只要夢想的藍圖已經完成，他們就不會再等待，只要方向清楚了，心中的理想國度其實也已建設完成，一切只等著造夢者邁出步伐，走向夢想的國度。

你的夢想呢？

是否也因爲別人的一句「妄想」，而封鎖在抽屜裡？

別再讓自己純羨慕別人成功實現夢想，人類都已經準備在火星上尋找新的桃花源地了，我們還有什麼夢想不能實現呢？

Part 10

先接受自己，別人才會接受你

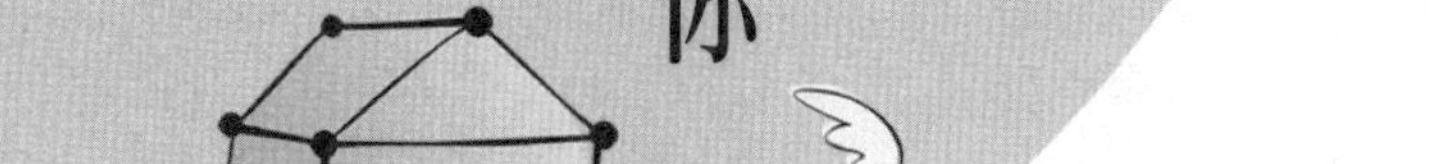

生活上不會有無解的難題，
端看你願不願意敞開心把問題解開，
你的「心」往哪個方向走，
你的世界就會往那個方向去。

放得開，人生就沒有不幸

心懷感恩，生活中便沒有不幸，即使遇見了各式艱難和困苦，你也能輕鬆走過，享受生命的快樂與美麗。

眞正的自在生活，是依照自己的意志去做對生命有意義的事情，因爲，只有能夠敞開心胸，不爲無謂的小事煩憂，忘懷生命之中曾經有過的那些痛苦，才是最幸福、最自在的人。

忘記得失，生活才看得見快樂。

如果，你永遠只看見臉上的那道細微的傷疤，並厭煩它的醜陋，那麼你不僅看不到傷痕外的美麗雪肌，還會讓那道傷痕在你的臉上無形孳生。

那年聖誕前夕，多娜的母親請鄰居邁克帶她的小女孩到教堂去。但不幸的是，那天晚上他們卻發生了一場車禍，小多娜也在這場車禍中傷了臉部。

事發當時，邁克緊張地來到多娜身邊，看見她左臉頰的兩道傷口血流如注，連忙拿出急救包，止住多娜的血。

雖然，事故發生的原因是路面結冰以致輪胎打滑而失控，交警追究責任後認定不是邁克的錯，但是，看著花樣般的女孩以後得帶著疤痕過一輩子，邁克仍然非常愧疚、自責。

邁克不敢去探望多娜，擔心女孩會不理睬他，或是怒氣沖沖責罵他，於是只好去問護士，了解多娜的情況。

護士說：「她很好啊！像個小太陽似的，大家都很喜歡她。」

邁克半信半疑地來到門口，偷偷地看著多娜，看著她的笑容，心想：「也許她已經忘了那場意外了吧！」

於是，邁克走了進去，對多娜說：「多娜，那天眞的太對不起妳了，希望妳能原諒我，如果……」

多娜笑著打斷邁克的懺悔：「早就沒事了，你看，我還是很好哇！而且，這是我第一次住院呢！沒想到這裡有那麼多有趣的事，護士和醫生們每天都會講好多醫院的故事給我聽呢！」

邁克看著多娜的驚奇與笑容，放心了不少，不過每當他看見多娜臉上的傷疤，心中的內疚總會再次升起。多娜出院後，反而成了大家矚目的焦點，她精采地講述事故的經過和醫院的經歷，也引來了不少的驚嘆聲。

一年後，邁克移居到另一個城市，從此和多娜一家人失去了聯繫。

十五年以後，那個教堂邀請邁克回去參加禮拜，結束時他忽然看見多娜的母親，正站在人群中等著和他告別。

邁克忽然想起了那場車禍、鮮血和傷疤，隨即見到多娜的母親笑容可掬地來到自己面前。

邁克關心地問：「請問多娜好嗎？」

多娜的媽媽開心地說：「你還記得多娜住院時的情況嗎？」

邁克說：「印象很深刻，她似乎對醫院發生的趣事很感興趣。」

母親說：「是啊！她現也成爲一名護士了呢！現在還嫁給了一位醫生，婚姻很美滿，喔！我也有兩個可愛的寶貝孫子了！」

邁克一聽，放心地說：「多娜眞是個可人兒！」

多娜的媽媽似乎想起了什麼，連忙說：「對了，我差點忘了！多娜知道我會遇見你，她要我對你說，那次車禍是她一生中最難得的好事。」

「好事？」邁克想著這句話，臉上也慢慢地露出許久未見的笑容。

在你看來，生命中那些讓自己感到痛苦的事情，是難得的「經驗」，還是不幸的「遭遇」呢？

約瑟夫·艾迪曾說：「真正的幸運得走過苦痛、失去和失望，只要你能走出悲傷，自然能看見柳暗花明的桃花源。」

多娜選擇敞開心面對傷口，因而能展開陽光的笑容迎接新生活，遺忘昨天的意外和傷害。她不僅用「心」癒合了臉上的傷口，也因爲這個意外的轉折，讓她看見了夢想的未來。

幸與不幸之間，其實沒有那麼多大的差異或距離，只要我們都能學會知足，心懷感恩，生活中便沒有不幸，即使遇見了各式艱難和困苦，你也能輕鬆走過，享受生命的快樂與美麗。

用心盡力就能創造奇蹟

只要能「越挫越勇」，成功不需要什麼背景條件，只要態度積極、認真，用盡全力，夢想終有一天會實現！

你認爲你是個失敗者嗎？

你認爲自己的條件不夠好嗎？

如果，你連跌倒的原因都沒有找出來就放棄前進，那麼你就是眞正失敗的人；

如果，跌倒後你能立即搬開絆倒的石頭，那麼你就不知道什麼叫失敗。

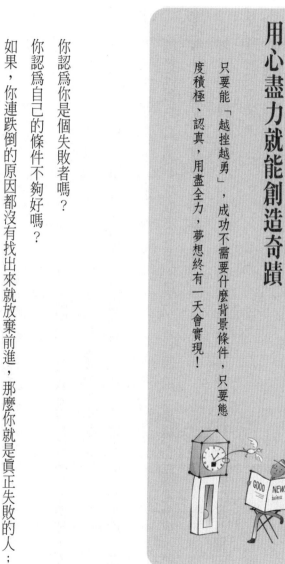

除了一雙手和一條腿之外，羅吉．克勞馥確實具備了打網球的條件。天生殘疾的羅吉，從小就在父母的鼓勵與教育下，建立一個積極的觀念：「什麼才叫殘障，這取決於你怎麼看待自己的殘缺。」

他們不希望羅吉爲自己的殘缺感到難過，或利用身體的缺陷博取同情或幫忙，他們希望羅吉與常人無異。

從小，父親便鼓勵羅吉積極地培養運動興趣，他教羅吉打排球和橄欖球，而羅吉也眞的沒讓父親失望，十二歲之時就已成爲橄欖球隊的重要角色！

有一天，他在場上與對手追逐時，沒想到對方一把抱住羅吉的左腳，就在他奮力掙扎時，義肢居然被拔下來了！

誰也沒想到，只剩一隻腳支撐著的羅吉，竟然利用一隻腿，直躍過分線，並達陣得分，場上不禁響起了如雷掌聲。

羅吉經常對自己說：「我不可能每件事都會，所以，我只需要把注意力集中在我能做的事情上。」

問題是，羅吉還能做什麼事呢？

那也是運動項目之一，網球。雖然開始練習時，只要他一轉動，拍子便會掉落，但是他一點也不氣餒，雖然手腕的力量不如一般人，但是在他的努力與家人的支持下，積極地自我訓練的結果，不管是轉動球拍、發球或接球，都已經到達了職業水準。

雖然，剛開始參加比賽之時屢嘗敗績，但是羅吉並未放棄，反而更加努力練習，比賽的成績也不斷地進步了。

肢體殘障的運動選手很少，沒有任何前例可以參考學習，但羅吉仍堅信自己一定能突破所有侷限，打出一片網球新天地。靠著不斷努力，後來他終於成爲第一個被美國職業網球協會認可的專業教練，一個殘障網球好手。

羅吉說：「你和我之間的唯一差別，就是你們看得見我的殘障，而我卻看不見你們的缺陷。每個人都有障礙，你問我是如何克服身體的殘障，我只能告訴你，我什麼也沒有克服，我只是像你們一樣，學會了我原先不會做的事，就像你們學習彈琴或用筷子吃飯一樣，只是我比許多人用心盡力而已。」

羅吉說：「你們看得見我的殘障，而我卻看不見你們的殘缺。」

聽到這句話時，你是否忽然看見了自己的缺陷？

當電視中出現了許多殘障勇士，積極地用樂觀、奮鬥填補身體上的殘缺時，我們除了驚嘆他們的生命力，想必也對自己的消極深感慚愧吧！

每一個人都有著不同的生命態度，有人一生平順，不能忍受辛苦，也不能接受失敗，即使小小的碰撞也能讓他們宣佈放棄，永遠跌坐在地上。然而，有更多的人和羅吉一樣，堅信只要能「越挫越勇」，成功不需要什麼背景條件，只要態度積極、認真，用盡全力，夢想終有一天會實現！

看著羅吉．克勞馥的成功，正處於低潮期的你，是否只會驚嘆地目瞪口呆呢？合起你的嘴巴，把羅吉的成功經驗再咀嚼一番：「努力，堅持不懈並盡全力，然後你就成功了！」

只有鼓勵才能激發潛力

不要吝於給人鼓勵，只要你願意多花點時間和耐心等待，下一個成功的例子將從你的手中奇蹟孵化。

一遇到困難的事情就認爲自己「不行」的人，容易留給別人「缺乏自信」的印象，無形之中也是對自己進行負面的自我暗示。

如果你一味貶低自己，一味自怨自艾，那麼又怎麼能激發自己的潛力，又怎麼能期待別人肯定你呢？

每個人的內在蘊藏有多少潛能，連科學家也測量不出來，那我們又怎能輕易地放棄任自己呢？

從小就自卑感很重的克隆，在學校裡總是一副神情呆滯的模樣，然而沉默寡言的他，內心其實很希望有人能坐到他的身邊，拍拍他的肩膀說：「別害怕，我來幫你。」

因爲，克隆罹患了「閱讀困難症」，只是當時沒人知道這種疾病，每當克隆無法像正常人一樣，把文字符號井然有序地排列時，師長們便責怪他：「眞是個不用功的孩子！」

克隆曾經被老師以相當嚴厲的方式教導，當時老師發了一把直尺給其他學生，只要克隆不肯唸書寫字，同學們就要用直尺打他的腳。

上了中學後，克隆的情況改變了一些，因爲他在籃球場上找到了他的表現空間，但是在閱讀能力上，卻一點也沒有起色。

從高中到大學，克隆都以傑出的體育表現上來彌補他的閱讀能力，也很幸運地熬過一關又一關。

但是，畢業之後呢？克隆考慮了很久，最後決定要投身教職工作。一九六一年他在一所小學開始任教，每天，他讓學生們輪流上台朗誦課文，考試時則是用別人設計好的標準測驗紙，答案也是使用有洞的卡紙。

生活有點迷失的克隆，根本不知道自己在做什麼，每當周末來臨，他總是心情沉重，因爲他覺得自己愧對學生。

直到他結婚的前一晚，克隆才坦白地對他的妻子凱西說：「有件事我得告訴妳，我是個不識字的傢伙。」

凱西以爲老公在開玩笑，心想：「他怎麼可能不識字？也許他覺得自己的英文程度太差才這麼說的吧！」

凱西並不在意老公的告白，但是女兒出生後，她才證實老公眞的不識字。爲了幫助克隆，凱西很想教他識字，但是克隆說什麼也不肯學，因爲，他認爲：「我一輩子也學不會，別浪費時間了。」

不久，克隆辭去了教職工作，轉而投入商場，沒想到卻讓他遇上了經濟不景氣，眼看著合夥人紛紛退股，債權人威脅要對他提出訴訟，面對堆積如山的複雜文件，克隆很擔心有一天會被叫到證人席上，接受法官的嚴厲質問：「克隆，你不識字嗎？」

這天晚上天氣很涼，看著秋天的落葉翻飛飄墜，已經四十八歲的克隆望著女兒的臉龐，決定了兩件事。

首先他要拿房子出去抵押，並重新開始；接著他要走進市立圖書館，並告訴成人教育班的負責人：「我要學識字。」

教育班安排了一位六十五歲的祖母當指導老師，這個非常有耐心的老師一個一個字地教導他。

十四個月後，公司的營運狀況開始好轉，他的識字能力也進步不少，信心重建的克隆，展開了嶄新的生活，也積極地出現在各種公開場合，與人分享他曾是個文盲的心路歷程。

克隆說：「不識字是一種心靈上的殘障，而且指責這些人是件相當浪費時間的事，為什麼我們不用更積極的態度，教導有閱讀障礙的朋友呢？」

成立閱讀障礙讀書會後，克隆每天都會閱讀書本和雜誌，甚至看見路標他也要大聲朗讀，他覺得讀書的聲音比歌聲更美妙，而他的妻子每天也非常配合地，仔細聆聽他的「朗讀」。

有一天，他突然衝進了儲存室，拿出一個沾滿灰塵的盒子。

原來，這裡面有一疊用絲帶綁著的信箋，雖然已經錯過了二十五年，但是他終於看懂了妻子寫的情書！

很浪漫的結尾，但是，過程的描述卻很眞實、很殘酷。克隆的「閱讀困難症」，其實就像「學習遲緩」的孩子一樣，理解力差的他們，總是被視爲「阻礙」教學進度的壞學生，只要用力鞭策後仍不見好轉，很快地便被師長們放棄，甚至是「遺棄」。

這些案例其實經常發生在你我身邊，或許我們也曾經是「否定他們」的幫凶之一。在這個強調「分數」與「速度」的教育環境中，也許我們應該重新審視自己的教育方式。

從克隆的故事中，我們再次發現，責罰只會讓孩子們產生更大的自卑感，所以，別再用焦躁的眼神催促孩子，因爲那不僅不會刺激他們的學習潛能，反而會讓他們退縮、畏懼。

學習本來就需要時間，不管是小孩還是大人，都需要花時間慢步累積，更需要別人的鼓勵來增強信心，不是嗎？

不要吝於給人鼓勵，只要你願意多花點時間和耐心等待，下一個成功的例子將從你的手中奇蹟孵化。

每件事都要盡力而爲

只要你盡力了，問心無愧的踏實感就是你成功的獎賞，你不必頂著皇冠，也自能散發出成功的光芒。

德國作家歌德曾經這麼寫道：「人生最大的快樂，並不在於最後佔有什麼，而在於追求的過程。」

確實，充滿意義的生活，就是能夠不在乎成敗得失，依照自己的意志，竭盡全力去做自己該做的事情。

遇上挫折和失敗，你會怎麼看待問題？是滿臉不悅地責怪拍檔不夠努力，還是埋怨時間不夠，靠山不夠有力呢？

把所有的「責怪」全擱置一邊吧！因爲，不管遭遇再大的挫敗，你首要反省的是：「我眞的盡力了嗎？」

爲了參加難得的奧林匹克競賽，貝克大學畢業後，來到阿斯凡學校當體育教練，因爲只有在這裡，他才能爲一九七二年奧林匹克運動競賽選手，展開嚴格的訓練。

面對學生，貝克總是這麼說：「操場上沒有體育明星，你只需盡你最大的努力，去完成每一項工作。」

認眞教學的貝克，深受孩子們的喜愛，因爲他對待他們，就像對待自己的孩子一樣。然而，過完二十五歲生日不久之後，貝克卻發現自己在指導學生練習時，很容易感到疲勞。

有一天，在操場上他突然感到腹部劇烈絞痛，隨即被送到醫院診治，然而這一進院便是好幾個月。

因爲，貝克罹患了癌症。

動了二次大手術之後，醫生告知貝克的家人，他只剩下六個月的生命。

面對如此嚴峻的現實，貝克一點也不願意放棄，他告訴自己：「不管還剩下多少時間，我都要把一切獻給那些孩子們。」

於是，貝克又動了一次大手術，經過一個夏天的治療後，他重回操場，並在已經排滿的課程表上，設計了一堂殘障兒童的體育課。

貝克說：「不管他們有什麼缺陷，也不能剝奪他們參與體育活動的權利，他們也許不能跑步或跳遠，但是他們會是最好的『教練計時員』，或是『犯規監督人』。」

有一天，貝克抱著一個鞋盒到訓練場上，他說：「這個盒子裡裝了兩個獎盃，一個是我要送給第一名的選手，另一個，我要送給雖敗猶榮的選手，因爲他是盡自己最大努力、永不放棄的運動選手！」

病況再度惡化的貝克，並沒有因此而放棄孩子們，他每天都會出現在操場上爲每一位選手打氣，對他們喊話：「無論如何，你們一定要盡最大的努力，要相信自己，你們一定行的！」

有一天，有位選手興沖沖地跑到升旗台上，對貝克喊道：「教練！我們被邀請參加全美運動會的決賽了！」

這個消息給了貝克極大的鼓舞，他高興地說：「我現在只有一個願望，希望身體能撐到決賽那天。」

能不能堅持那麼久呢？似乎有點困難，消息發佈後的第三天，他才剛踏進校門就昏倒了，醫生檢查後發現，腫瘤破裂了。

然而，一度陷入休克昏迷狀態的貝克，醒來時卻吵著要立刻趕回學校，他說：「我一定要堅持到最後一天，我要讓孩子們對我的記憶，是筆挺地站在他們面前的模樣！」

每天依靠輸血與止痛針來維持生命的他，已經知道自己無法親自再到場上，給孩子們打氣了，因此，他每天晚上開始打電話給每一位運動員：「你們一定要盡最大的努力啊！我相信你們一定行的！」

比賽前的第三天晚上，貝克又昏迷了。

醒來時，似乎是迴光返照，大家看見他的精神飽滿地喊道：「把所有的燈打開，我要在燈火輝煌中離開。」

天空終於破曉，貝克辛苦地坐了起來，並握著母親的手說：「對不起，爲你們帶來這麼多麻煩！」

不久之後，貝克「睡著了」，不過，這一天距離醫生所預估的六個月還要晚，因爲，貝克從死神那兒「盡力地爭取」到了十八個月，一如他堅持的生命態度：「用盡全力……」

兩天後，孩子們在聖路易斯贏得了決賽冠軍，他們說：「我們盡全力爭取到了，而這份榮耀也是貝克教練的！」

告示板上的「第一名」永遠只能塡上一個名字，沒有人不想坐上這個寶座，然而，與其競逐隨時會失去的「第一寶座」，不如讓「第一」永遠坐鎮在自己心中，做一個沒有人能取代的「第一名」！

如何成爲永遠的「第一名」呢？其實，方法很簡單，只要像貝克教練所說的：「盡全力，就成了！」

我們只需要時時提醒自己：「我真的盡力了嗎？如果盡力了，那麼我是不是可以問心無愧？」

當然！只要你盡力了，問心無愧的踏實感就是你成功的獎賞，因爲，那份滿足與充實的生活感動，是用再多的獎牌和獎金也無法換得的，還有，你不必頂著皇冠，也自能散發出成功的光芒。

你一定可以，只要你願意

我們的生活不該有任何絕望的念頭，因為只要我們願意，給自己一份信心，我們都會是創造奇蹟的好手。

你對生活感到絕望嗎？

你認爲外在條件阻礙了你的未來嗎？

當時間一點一滴消耗在絕望和埋怨聲中，你有沒有認眞地仔細想想：「我要怎麼跨出下一步，要怎麼重新開始？」

酷愛足球的布里恩．沃克，罹患了一種罕見的神經麻痺症，經過醫生一番治療，原本病情快好轉了，豈料又不幸引起了肺炎併發症。爲了持續他的呼吸功能，醫生不得已只好裝了呼吸輔助器。

醫生對他的父母說：「我們已經盡力了，接下來全靠布里恩自己了！」

「我還站得起來嗎？」布里恩問父親。

父親堅定地回答：「當然可以，只要你希望，你就能做到！」

布里恩努力地活動腳趾，但是五個小時過去了，腳趾卻怎麼也不聽使喚，他滿身大汗地哽咽著：「我不能動了，我不會好了，我要死了！」

這個小挫折把布里恩擊倒了，那天開始，他便昏睡不醒，不能也不想說話，即使醒了過來也不願意動，他已經完全失去鬥志和信心了。

這種自暴自棄的情況讓愛子心切的父親擔憂不已，後來他想到一件事：「也許傑姆．米勒能幫他！」

傑姆是一位足球明星，也是布里恩的偶像。這天，除了沃克夫婦在二樓準備迎接傑姆之外，還有一群人聚在門口等待這位名人。

布里恩的父親來到兒子身邊，指著牆上的一件「歐爾密斯」運動衣，問道：

「布里恩，你想不想見到這件運動衣的主人？」

「傑姆．米勒？」霎時，布里恩的臉亮了一下，但隨即懷疑：「他怎麼可能會出現呢？我不相信！」

忽然，有個人推開了門，布里恩吃驚地喊著：「傑姆．米勒！」

傑姆笑著說：「嗨！小伙子，你怎麼啦？」

傑姆打完招呼，便走到布里恩的身邊，並伸出手要和布里恩握手，只見布里恩吃力地伸了出手，緊緊地握著足球明星的手。這也是他這幾個星期以來，第一次移動胳膊，第一次活動他的雙手，而這一握便是一個小時。

傑姆．米勒鼓勵布里恩：「你一定會好起來的，這場戰爭雖然很辛苦，但是你一定會成功的！你要像攻入球門那樣，努力達到目標，好嗎？等你好了，我們再一塊兒練球！」

最後這句話就像「特效藥」般，對布里恩非常有效，只見布里恩不斷喃喃自語：「和傑姆．米勒一起踢球？我要和傑姆．米勒一起踢球！」

傑姆又鼓勵他說：「千萬別放棄啊！我每星期都會儘量撥出時間來看你，直到你出院爲止！」

布里恩吃力地點了點頭，說：「我會全力以赴。」

只見布里恩立即伸出左手，努力地活動著，對自己說：「剛剛可以伸出手，我一定可以再做第二遍！」然而，這一次，手卻不聽使喚，不願放棄的他，一次又一次地試著，只因「他要和傑姆一起踢球」！

「再試一次！」

這一次，一個手指出乎意料地顫動了：「我能動了！一個能動，其他的一定也行！」就這樣，他花了半天的時間讓右手的五根手指都「動了」。

第一天的成功，讓他第二天更有信心了：「我一定能好起來，連傑姆也相信我能，那我更要相信自己，我還要向他證明，只要我一直保持著戰鬥精神，就像踢球一樣，我就能走下病床。」

一個星期後，傑姆走進病房，發現布里恩已經能坐起來了，而且還能大口大口地咬漢堡呢！「你自己能吃東西了！」傑姆對他的進步感到驚訝。

布里恩笑著說：「是啊！我已經能自己呼吸囉！」

傑姆爲布里恩感到開心，鼓勵著他：「太好了，小伙子，我就知道你行！將來你一定能成爲優秀運動員，因爲你有運動員的毅力和勇敢！」

自從「信心恢復」後，布里恩便利用一切機會鍛鍊自己，直到能下床行動，可以不必扶著柱子練習走路，這一次也只用一個星期的時間完成。

當傑姆再次來訪時，感動地看著瘦弱單薄的布里恩，心想：「如果換做是我，我能做到這一切嗎？」

忽然，布里恩用小跑步的姿勢，撲向傑姆。

傑姆不敢置信心地抱著布里恩說：「你眞的成功了！」

布里恩哽咽道：「是的，謝謝你！謝謝你來看我。」

傑姆搖了搖頭，謙虛地說：「孩子，這是你自己做到的！」

一個月後，布里恩出院了，雖然步伐還沒有很穩固，但是他仍然堅持要出院，因爲他急切地想回到足球場上。

六月初，布里恩終於回到了足球場上，當他踢出第一球時，不禁高興地喊道：

「這一球，爲了傑姆．米勒！」

聽見傑姆鼓勵布里恩「只要你願意，你一定行」時，你是否也感受到一股蓄勢待發的力量，像布里恩一樣，看見了希望，忘了前一秒的「絕望」？

默片時代的喜劇巨星卓別林曾說：「歷史上所有偉大的事，都是人們戰勝了不可能的事而來！」相同的，我們也可以這麼說：「只要生命還在轉動，我們就還有機會！」

當大家都認爲「不可能」時，只要我們不放棄自己，不讓失望和絕望牽制住自己，就沒有人能否定你的價值，看衰你的未來。

我們的生活不該有任何絕望的念頭，更不該爲了眼前的不如意而灰心喪氣，就像重新振作的布里恩一樣，不再輕易放棄，因爲只要我們願意，給自己一份信心，我們都會是創造奇蹟的好手。

先接受自己，別人才會接受你

生活上不會有無解的難題，端看你願不願意敞開心把問題解開，你的「心」往哪個方向走，你的世界就會往那個方向去。

塞內卡曾經寫道：「生活最大的缺陷，在於它永遠不可能十全十美。」

如果我們徹底認清這個事實，誠實地面對自己，就能眞實地掌握自己的人生，不再活在陰霾之中。

如果我們連自己都不能掌握了，別人又怎麼敢相信並肯定你呢？

人見人愛的小妮姬在七年級時，被診斷出白血球過多，接下來的日子，她幾乎天天出入醫院，接受檢查與化學治療，雖然這些治療可以救命，但是她的頭髮卻因這些化療而掉光了。

妮姬開始戴假髮上課，雖然很不舒服，但是她還是戴了。然而，當她聽見其他孩子的嘲笑聲時，才發現一切已經改變，她不再是大家的焦點，也不再是個人見人愛的主角。

升上八年級之後，她的假髮經常被頑皮的同學拉扯，而且好幾次都掉到地上。遇到這個情況，堅強的妮姬也只能停下腳步，抹去眼淚，然後生氣地戴好假髮，埋怨道：「爲什麼沒有人願意幫我？」

這天，她回到家中告訴父親這個情況。

父親說：「如果妳願意，不如回家休息一陣子吧！」

妮姬搖了搖頭，說道：「那有什麼不同？總有一天我還是得回到學校，不是嗎？其實，有沒有頭髮我一點也不在意，但是我不能沒有朋友，爲什麼沒有人肯幫我呢？難道他們不知道我很需要朋友嗎？如果要我選擇，我寧願失去生命，失去頭髮，但是我不要失去朋友。」

第二天，她依然戴上了假髮，還把自己打扮得很漂亮。

堅強的妮姬對父母說：「我今天要做一些事，還要發現一些新事物。」

妮姬的父母聽見她這麼說，完全不知道她的意思，擔心女兒會發生什麼意外，因此母親勸她說：「孩子，今天留在家裡休息好嗎？」

但是，妮姬搖了搖頭說：「不用了，我沒事的！」

拗不過妮姬的堅持，他們只好載著她到學校去，妮姬下車時，回頭看了看父母親，似乎有什麼事情需要幫忙。

媽媽關心地問：「孩子，怎麼了?忘記什麼東西了嗎？」

小妮姬搖搖頭說：「我今天要完成一件很重要的事！」

父母親覺得女兒不對勁，連忙問：「寶貝，妳怎麼了?」

妮姬含著淚，微微地笑著回答：「我要去找出我的好朋友，而且今天我就會知道，誰是我真正的朋友。」

接著，她拿下了假髮，並放在車位上，繼續說：「他們必須接受我原來的樣子，不是嗎？不然他們是不會接受我的，而且我已經沒有時間了，今天我就必須把眞正的朋友找出來。」

她跨出了堅毅的腳步，走了兩步，又轉頭說：「爲我祈禱吧！」

他們說：「會的，寶貝，這才是我的好孩子。」

沒想到，這天眞的發生奇蹟了。當她經過運動場時，學校裡的譏笑不見了，更沒有人敢捉弄這個充滿勇氣的小女孩。

最出人意料的是，從這天起，妮姬的身體日漸康復，而且她還從高中一路成長到大學，後來，她也成爲另一個勇敢小女孩的母親。

生活上不會有「無解」的難題，端看你願不願意敞開心把問題解開，你的「心」往哪個方向走，你的世界就會往那個方向去，所以，蘇格拉底才會說：「想左右世界之前，先要左右自己。」

當妮姬戴起假髮時，她心中的自卑感，就像許多人習慣用大聲說話來掩飾害

怕一樣，不必明說便已顯明。

聰明的小妮姬雖然嘴裡說不在意自己頭髮掉光，但是看著被嘲笑的假髮，她心裡知道，如果自己都不能勇敢地面對別人，用眞面貌示人，同學們又怎麼可能會體諒她，接受她呢？於是，小妮姬勇敢地脫下了假面具，光著頭，面對眞正能接受她的人，其中也包括她自己。

相信有很多人會發現，原來自己也有著相同的情況，也有著相同的問題癥結，既然面對的問題相同，我們何不向小妮姬學習，用相同的解決方法，重新展開自己的生活呢？

何必爲了無謂的瑣事而僵持？

最好的教導時候，便是「機會」教育，因為在事發當下，給予孩子們一個正確的機會引導，更能直接影響到孩子們的思考與成長。

我們經常見到，許多爲人師長的人總是教導孩子要有寬闊的心胸，要懂得禮讓和寬容，但是，自己卻老是爲了無謂的瑣事和別人僵持、爭執，無形之中做了最不良的錯誤示範。

透過文字書本與現實生活的教育方式，各有特色，也各有需求。

不過，日常生活中的身教機會，卻更爲重要，是影響孩子們人格發展與生活態度的重要指標。

有一天，阿雄家來了一位重要的客人，阿雄的父親見狀，連忙叫兒子外出買酒來款待客人。

阿雄出門後，雄爸爸便熱情地招呼著他的客人：「難得貴客臨門，等我兒子買酒回來，我們一定要喝個痛快！」

誰知道，一個小時都過去了，阿雄卻仍然不見蹤影，雄爸爸來到門口張望，怒斥道：「這孩子該不會又跑到哪兒去玩了吧？」

臉色有點不悅的雄爸爸，按捺著性子，頻頻向友人道歉說：「眞是不好意思，他應該快回來了。」

可是，又過了一個小時，仍然未見阿雄的身影，雄爸爸心想：「不可能這麼久啊！該不會出了什麼事？」

於是，雄爸爸連忙跑到街上尋找兒子，沒想到他才一跨出家門，走不到一百公尺，便看見兒子了，而且見到他正與一個陌生人站在小路中間。

雄爸爸以為孩子發生了什麼事情，連忙來到兒子身邊，問他：「孩子，你在做什麼？怎麼不趕快回家呢？」

阿雄看見父親出現，連忙忿忿不平地說：「爸爸，你都不知道，剛剛我買完酒後，正急著要趕回家時，便在這裡遇到了這個人，我請他讓路，他卻不肯，堅持要我先讓路給他。你想，哪有人這樣的？是我先踏上這條路的，怎麼能讓他呢？是吧？爸爸，所以我一直在這裡等他讓路！」

只見雄爸爸點了點頭，非但沒有罵兒子，反而支持他說：「原來是這樣，好孩子，你別怕，讓老爸在這裡和他拼了！不過，客人在家裡等很久了，你先把酒拿回去招待客人，這件事由我來處理，我來和你換班，看他要僵持到什麼時候才要讓路！」

看完故事，也許你會對這對父子感到可笑，但是，仔細想想，我們不也曾經犯過類似的錯誤嗎？

身教更重於言教，其中道理便在於此，看著雄爸爸的處理方式，正是「上樑不正下樑歪」的最好證明。

看見兒子的情況，身爲父親的他，非但沒有規勸，反而更積極地參與，不但忘了朋友在家等候，更忘了身教的重要性。

教育的責任與時間點是沒有侷限的，而最好的教導時候，便是像故事中的「機會」教育，因爲在事發當下，給予孩子們一個正確的機會引導，更能直接影響到孩子們的思考與成長。

如果是你，你會怎麼告訴阿雄呢？

相信聰明的你，一定很想這麼告訴阿雄：「退一步也無妨！」

應該是這樣子吧？何必爲了無謂的瑣事而僵持呢？

國作家赫爾岑曾經寫道：
「一個人不僅要在歡樂時微笑，也必須學會在困難中露出笑容。」

日子難過，也要笑著過 全集

STAY OPTIMISTIC

王渡 著

因為，路再長也有終點，夜再黑也有盡頭，日子再難過，還是得想辦法過，與其愁眉苦臉地抱怨生活中的種種苦痛，還不如用微笑面對。
所謂「難過」的日子，並不會因為你用愁眉苦臉的方式面對，就會自動消失，因此，既然「哭著活」也是一天，
「笑著活」也同樣是一天，那麼何不選擇笑笑地度過那些「難過」的日子？

調整自己的視野，就能看見更美好的世界

你的未來，一定要活得比現在精采

楚映天——編著

塞涅卡曾經寫道：「生命就像一齣戲，重要的不是它的長度，而是它的深度。」
生命的長短用時間來計算，生命的價值則是用貢獻來計算，雖然我們無法決定生命的長短，
但卻可以決定自己生命的內容是否精采豐富。

自己的人生要走向何方，有什麼發展，往往由自己的視野決定。
不要懷著沮喪的心情，對未來抱著悲觀和沮喪，何不調整自己的想法，
調整自己看人看事的視野，讓自己看見更美好的世界？

生活良品
08

你討厭的人，就是你的貴人

作　　者　凌　越
社　　長　陳維都
藝術總監　黃聖文
編輯總監　王　凌
出 版 者　普天出版家族有限公司
新北市汐止區康寧街 169 巷 25 號 6 樓
TEL / (02) 26921935 (代表號)
FAX / (02) 26959332
E-mail：popular.press@msa.hinet.net
http://www.popu.com.tw/
郵政劃撥 19091443 陳維都帳戶
總 經 銷　旭昇圖書有限公司
新北市中和區中山路二段 352 號 2F
TEL / (02) 22451480 (代表號)
FAX / (02) 22451479
E-mail：s1686688@ms31.hinet.net
法律顧問　西華律師事務所・黃憲男律師
電腦排版　巨新電腦排版有限公司
印製裝訂　久裕印刷事業有限公司
出 版 日　2019 (民 108) 年 6 月第 1 版
I S B N◎978-986-389-622-7　　條碼 9789863896227
Copyright©2019
Printed in Taiwan, 2019 All Rights Reserved

■敬告：
本書著作權受著作權法保護，任何形式之侵權行為均屬違法，一經查獲絕不寬貸。

國家圖書館出版品預行編目資料

你討厭的人，就是你的貴人／
凌越著.一第 1 版.一：新北市,普天出版
民 108.6 面；公分. - (生活良品；08)
I S B N◎978-986-389-622-7 (平裝)